Und morgen b

Katharina Münk

Und morgen bringe ich ihn um!

Als Chefsekretärin im Top-Management

Eichborn

7 8 9 07 06

Umschlaggestaltung: Christiane Hahn unter Verwendung
eines Fotos von gettyimages
Lektorat: Waltraud Berz
Layout: Tania Poppe
Gesamtherstellung: Fuldaer Verlagsanstalt, Fulda
ISBN-10: 3-8218-5633-5
ISBN-13: 978-3-8218-5633-9

Verlagsverzeichnis schickt gern:
Eichborn Verlag, Kaiserstraße 66, 60329 Frankfurt am Main
www.eichborn.de

Inhalt

Vorwort

Laufen wir nicht alle mit unterschiedlichen Brillen durchs Leben – rosarot, schwarz getönt, glasklar oder ziemlich trübe?

Die Spezies der Top-Manager kann ich nur durch meine eigene Brille beschreiben. Sie wissen schon, die Sekretärinnenbrille mit dem Kettchen dran, die man nicht verlieren kann. Es gibt Freunde, die mir sagen, ich solle doch nicht so streng in der Beurteilung der Lage sein. Schließlich hatte ich mich ja einmal voller Elan für den Beruf »Sekretärin« entschieden: effektive Topmanagement-Entlastung der neuen Generation, international und kommunikativ orientiert, verantwortungsvoll, mit einem Schuss Diplomatie und Psychologie. Coach für Führungspersönlichkeiten, Krisenmanager und heimlicher Wegbereiter für wahrhaft große Entscheidungen. Das war sehr reizvoll und kann es noch immer sein. Es gibt Chefs, die das unterstützen. Aber es gibt auch eine Menge Spielverderber in Nadelstreifen.

So absolvierte ich die klassische Studien- und Ausbildungslaufbahn einer Sekretärin. Ich habe nie auf einen anderen Beruf hingearbeitet und mir nach dem Abitur die qualifizierteste »Europasekretärinnen«-Ausbildung ausgesucht, die es damals gab. Fünf Semester eiserner Drill in einer unprickelnden kleinstädtischen Umgebung. Kein Bafög, keine Uni-Feten, keine Studentenkneipen, keine männlichen Kommilitonen, die Zeit und Herzblut kosten. Statt dessen reduzierter Hormonhaushalt und Betablocker für ruhige, treffsichere Finger vor jeder Schreibmaschinen-Zwischenprüfung. Hier wurden wir zu Rennpferden gemacht, die wissen, wie man Bilanzen liest, wie eine Due Diligence aussieht und dass man den Kaffee von rechts und den Keksteller von links serviert. Intelligent, multikulturell, schnell, serviceorientiert. Ich komme also definitiv nicht von der Volkshochschule und bin auch keine Umschülerin. Ich bin das Gegenteil: approbierte »internationale Direktionsassistentin« mit 400 Anschlägen pro Minute und 160 Silben Steno in drei Sprachen. Ein Vollblut, eine der echten klassischen Sekretärinnen.

Aber was ist das schon gegen die Erfahrungswerte aus den Chefetagen, von denen ich so manche über die Jahre durchlaufen habe? Dort, wo der Teppich dicker und das Leben dramatischer und durchaus filmreif ist. Manchmal war ich versucht durch die Wand zu pieksen, um zu erkunden, ob diese nicht vielleicht Teil eines Bühnenbildes aus Pappmaché sei. Aber sie war echt – und sie ist es noch. Ja, ich bin immer noch in der »Trueman Show«! Aber mittlerweile kenne ich das Drehbuch. Denn in 18 Jahren hat sich irgendwann bei mir der »Helikopter-Blick« eingestellt und ich begann, mir überhaupt und grundsätzlich Gedanken über die Welt meines Türnachbarn zu machen, des Nutznießers unserer täglichen Wohn- und Arbeitsgemeinschaft. Ich habe ein Buch über ihn und mich geschrieben. Er trägt die verschiedensten, in diesem Fall frei erfundenen Namen, ist in allen Branchen anzutreffen – und lebt irgendwie doch auf einem ganz anderen Planeten.

Wie arbeitet Deutschlands Management-Riege wirklich? Was macht sie eigentlich den ganzen Tag? Und wer kommt ganz nah an sie heran, erlebt eins zu eins mit, wie Mann seine Glücksmomente und Seelenleiden auslebt? Warum fragt niemand die Sekretärinnen, wie es um die Vorstände in unserem Land bestellt ist?

Was ist dran an der Spezies Chef? Was bedeutet es zum Beispiel wirklich, für einen Menschen zu arbeiten, der zwar strategisch brillant ist, aber keinerlei erkennbare Emotionen besitzt? Ist es wirklich so schlimm, wenn der Chef »nur« Choleriker, aber ansonsten immerhin gesund ist – ohne psychopathologischen Befund und gezogenen Revolver? Denn auch das kam vor. Wie sieht die subtile Welt der Statussymbole aus? Und wie nah kommt man dem Privatleben der Manager, ohne es zu wollen?

Die Frau im Vorzimmer hat Brille und Perlenkette inzwischen längst abgelegt, ebenso wie die Seminarangebote aus Baden-Baden. Sie möchte mehr als nur erfahren, wie sie noch besser für ihren Chef wird. Denn sie hat unglaubliche Dinge aus der Praxis zu berichten – jenseits von allen Fortbildungen und Seminaren. Sie könnte Filmrechte verkaufen und aussteigen. Wenn sie wollte, wohlgemerkt. In sicher allen Fällen verbieten das Loyalität und Vertrag. Und es fragt sie überraschenderweise auch niemand.

Aber nach 18 Jahren und einer repräsentativen Auswahl von neun Jobs ist das Maß voll, und mit ihm die Buchseiten. Meinen Elan der ersten Jahre und meine Ansprüche habe ich definitiv heruntergeschraubt. Aber was macht diesen Job immer noch attraktiv?

Nachdem ich nun endlich mit meinen jetzigen Chefs meine Erwartungen einerseits und den Alltag eines Sekretärinnen-Jobs andererseits in ein halbwegs ausgewogenes Verhältnis gebracht und mich damit abgefunden habe, kann ich heute über das schreiben, was ich in all den Jahren erlebt habe.

Da geht es zunächst um die Frau, die sonst bestenfalls die Fäden im Hintergrund zieht: nämlich mich, die Sekretärin, rechte Hand, linke Hand, lebender Palm Pilot, die Frau für den Tag und manchmal für die Nacht, Coach und Punchingball, Hausdame und Animateur, Therapeutin, Statussymbol, Burgfräulein und beinharte Wächterin in Personalunion.

Was dann folgt sind Tatsachenberichte genau aus diesem Blickwinkel. Ich möchte, dass die Chefs und Assistentinnen dieser Welt – na ja, wenigstens ein paar davon – lächeln, wenn sie dieses Buch lesen, mit dem Gedanken: »Da hat mich jemand beschrieben. Das ist meine Matrix.« Vielleicht ist ja schon viel erreicht, wenn sie die letzte Seite mit der Erkenntnis lesen, dass man nicht allein ist auf der Welt, wenn man wieder einmal in die Tischkante beißen möchte, und dass es ja noch viel schlimmere Exemplare gibt als die, die man selbst schon kennt.

Und muss man nicht die Tatsache, dass angeblich nur 19 Prozent der Sekretärinnen ihren Job als Traumberuf empfinden, mit gelebten Fallstudien unterlegen? Sonst sterben wir irgendwann aus wie eine seltene Schmetterlingsart, die niemand wirklich gekannt hat. Unsere Enkel werden das »Vorzimmer« sowieso aus ihrem Wortschatz gestrichen haben. Aber sie sollen auch wissen, warum.

Und Vorsicht: Zwar hat noch keiner meiner Chefs alle in diesem Buch beschriebenen Macken in einer Person vereint, aber einige von ihnen waren auf bestem Wege dorthin.

»Was machen Sie beruflich?« – Wie sag ich's bloß?

Neulich las ich in einer führenden Wirtschaftszeitung, dass unter allen Beschäftigungen, denen ein Mann nachgehen kann, um seinen Ruhm zu mehren, jene des Führens von Unternehmen den schwächsten optischen Reiz habe, was bedauernswert sei. An den Schauplätzen des Wirtschaftsgeschehens gäbe es fernab vom operativen Geschäft wenig zu sehen: ein paar Charts, ja gut, eine scharfe Assistentin auch, verlorene Marktanteile, geschönte Bilanzen.

Halt, hier ist doch auch von mir die Rede, noch vor den Marktanteilen, rein optisch gesehen, versteht sich.

Beim Smalltalk zum Thema Beruf sollte ich auf die Rückfrage, was für eine Assistentin ich denn sei, vielleicht einfach »Eine scharfe!« sagen. Das würde eventuell, je nachdem wie Frau das vorbringt und wie sie aussieht, von Humor und Esprit zeugen – und aus dem Smalltalk könnte man spontan eine dynamische Diskussion über die Funktion der Frau im Vorzimmer entfachen. Allerdings wohl nur im besten Fall. Obwohl Humor und das »Über-sich-selbst-Schmunzeln-Können« viel zitierte managementspezifische Zusatzqualifikationen sind, sieht die Praxis eher düster aus.

Das »Frankfurter Lounge Gespräch« fand an Frankfurts angesagtester Party-Location statt. Mit Sternchen aus der Frankfurter Wirtschafts- und Medienbranche und natürlich solchen, die es werden wollten. Letztere wohl in der Überzahl. Nach einer Stunde wurde ich der schönen und/oder erfolgreichen Menschen überdrüssig und leicht angriffslustig.

Ich buffte meinem Mann, der die Einladung bekommen hatte, in die Rippen: »Beim nächsten sag ich's.«

Die Gelegenheit ließ nicht lange auf sich warten. Die obligatorische Frage kam von einem Herrn in klassischem Schwarz mit mir zuprostendem Champagnerglas und Visitenkarten-Häufchen in der Hosentasche: »Und was machen Sie so beruflich?«

Meine Antwort kam ruhig und bestimmt. »Ich bin Pizzakurier.« Ernsthaft und gedankenverloren nippte ich an meinem Glas und ließ meinen Blick souverän über die Menge schweifen.

»Ach, Sie sind der Event-Caterer hier? Ihre Leute machen einen super Job.«

Ich schüttelte langsam den Kopf, ohne den Blick von der Menge zu lassen:

»Nein, ich habe ein kleines rotes Auto, bin angestellt und fahre damit große, runde, belegte Teigböden aus. Mensch, das kennen Sie doch, oder?« Ich prostete ihm meinerseits aufmunternd zu.

»Ach, das ist ja cool. Was erlebt man denn da so?«

Was soll ich sagen, ich habe mich eine Stunde mit diesem Menschen über die Arbeitsbedingungen der Pizzabranche, über die unterschiedlichsten Belagvorlieben, das Marketing von Tiefkühlpackungen, Trinkgelder und vieles mehr unterhalten. Auch wenn er bis zuletzt nicht zugab, die geniale Erfindung des Pizzakuriers am heimischen Edelholztisch regelmäßig selbst in Anspruch zu nehmen.

Denselben Feldversuch hatte ich zuvor auf die gleiche Frage wahrheitsgetreu mit der schlichten Berufs-Antwortvariante »Sekretärin« gestartet. Niederlage auf ganzer Linie. »Oh, sie wirken gar nicht so.« »Ist Ihr Chef auch hier?«

Ich konnte mir im Schnitt nach drei Minuten neue Smalltalk-Partner suchen. Mein Gott, ist dieses Berufsbild denn so unsexy? An ungenügender Optik und mangelndem Intellekt und Witz kann es nicht liegen. Warum sollte eine Bestattungsunternehmerin aus Wuppertal besseren Smalltalk haben als eine Sekretärin? Auch das habe ich schon versucht. Mit wesentlich mehr Erfolg.

Ich vermute, dass ich nicht die einzige Sekretärin bin, die ständig nach Formulierungs-Upgrades oder Zusatzerklärungen sucht. Außerdem ist Frau um Ehrlichkeit und Genauigkeit bemüht. Eine Gratwanderung, die man meint machen zu müssen.

Da hat es sogar eine Schlachthofveterinärin einfacher. Dem Gesprächspartner verschlägt's erst einmal die Sprache. Aber das Berufsbild dürfte klar umrissen sein, und er weiß sofort, wen er da vor sich stehen hat. Er fragt nicht: »Was macht man denn da so den ganzen Tag?« oder: »Für welchen Schlachthof arbeiten Sie denn?«

Also spanne ich bei ernsthafteren Anlässen weiterhin den Bogen von der Sekretärin über die Internationale Direktionsassistentin bis hin zur PR-Referentin. Wie kompliziert und langweilig.

In meinem privaten Umfeld bin ich die einzige Vertreterin dieser glanzlosen Zunft. Allerdings habe ich durchaus nicht das schlechteste Gehalt. Im Gegenteil. Eine Vorstandssekretärin verdient überdurchschnittlich gut. Denn wir sind »Goldstaub«. Dieser nette Begriff taucht in einer Studie der Unternehmensberatung Towers Perrin über Sekretärinnengehälter auf. Danach ist so mancher Vorstand gern bereit, auf eine Jahresgrundvergütungssumme von bis zu 53 000 Euro für ein flottes Vorzimmer noch ein bisschen draufzulegen. Aber dann ist man auch schon ganz oben angekommen, samt Bonus in Form von Schweige- und Schmerzensgeld. Jede weitere fachliche Qualifizierung über das Sekretariat hinaus ist nur im operativen Bereich unterhalb des Vorstands denkbar und mit Gehaltseinbußen und Imageverlust verbunden. Unter Umständen auch mit mehr Arbeit für weniger Geld. Eine irgendwie verkehrte Welt. Denn unsere Qualifikationen und mit ihnen mindestens 70 Prozent des Gehalts sieht man nicht: Verschwiegenheit, Belastbarkeit, Servicebereitschaft – und einfach nur da sein, omnipräsent und unsichtbar. Wir sind allzeit bereit, praktisch oder eben nur theoretisch. Für den Fall, dass man uns braucht. Wie bei der Feuerwehr ohne Notfall.

So spannend das in einem Moment sein kann, so langweilig ist es im anderen. Im besten Fall kommen wir ganz nah an das Top-Management und dessen Entscheidungen heran. Bis hierhin geht die Einflusszone – aber eben auch nicht weiter. Wir übernehmen die Verantwortung für die Rahmenbedingungen, aber nie für den Inhalt. Wir sind Bühnenbauerinnen und Souffleusen und schicken die Hauptdarsteller im richtigen Augenblick zum Einsatz auf die Bühne. Wir entscheiden nicht mit, über welchen Betrag ein Geschäft abgeschlossen wird. Wir entscheiden darüber, in welcher Schriftpunktgröße die Summe im Vertrag stehen wird und ob sie eventuell gesperrt oder fett gedruckt wird. Wir sind reine Serviceprovider, die die Welt hübscher und bequemer machen. Das ist unser Job – nicht mehr und nicht weniger. Und damit muss man von Anfang an und noch Jahre danach leben können. Wer ganz offiziell mehr will, braucht eine Umschulung.

Wie drückt man also aus, dass man es als Sekretärin weit gebracht hat und nicht als Schreibkraft für die stellvertretende Leiterin der Telefonzentrale arbeitet? Im Falle der Top-Etagen der deutschen Wirtschaft reicht tatsächlich oft schon die schlichte Nennung des Unternehmens oder des Chefs aus, um Rückfragen auszuschließen – Fremddefinition sozusagen. Denn die berufliche Einstufung der klassischen Sekretärin steht und fällt mit derjenigen ihres Vorgesetzten. Eine eigenständige berufliche Laufbahn ist in diesem »Tandem-Modell« nicht vorgesehen. Manchmal wundere ich mich, warum das Krankheitsbild »Schizophrenie« in unserem Berufsstand nicht öfter anzutreffen ist. Aber vielleicht zeigen sich die Symptome einfach nur verdeckter.

Wenn man beim Sekretärinnen-Seminar nicht gefragt wird »Was machen Sie beruflich?« sondern »Für welchen Chef arbeiten Sie denn?«, möchte man den Seminarraum am liebsten gleich wieder verlassen, da die elementaren Voraussetzungen nicht stimmen.

Wie kommt es zu diesem Dilemma? Wohl in keinem anderen Berufszweig werden Qualifikation und Performance unterschiedlichster Güte in nur einem Begriff vereint und die Rollenverteilung zwischen Mann und Frau so klassisch geregelt, zumindest in der überwiegenden Anzahl aller Fälle. Da nützen auch nicht die tollen Zukunftsszenarien von der »Globalisierung im Büro« und der »zunehmend integrierten Sachbearbeitung«. Nirgendwo ist das dienende Element wohl so stark ausgeprägt wie im Berufsfeld der Sekretärin. Wir müssen den Vergleich mit Gastronomie und Pflegedienst nicht scheuen. Im Sekretariat kann man allerdings nicht am nächsten Tag einfach auf einen netteren Gast oder einen Patienten auf dem Weg der Besserung hoffen. Denn das Objekt unserer Bewirtungs- und

Pflegedienste bleibt immer dasselbe und gibt auch kein Trinkgeld. Und während wir da so Kaffee kochen und Knöpfe annähen, gehen wir parallel mit dem Chef noch einmal die Data Sheets zur Aufsichtsratssitzung und die Rede für die Aktionärshauptversammlung durch. Aber das merkt ja sonst niemand.

Trotz aller Allround-Qualifikationen: Am Ende möchte Tarzan nur eins von seiner Jane: Zehn flinke, gepflegte, weibliche Finger vor der PC-Tastatur und eine helle Stimme, die in drei Sprachen »Ich verbinde« sagen kann – auch wenn es sich um Telefonate mit dem Golfclub handelt.

Das Image ist aufpolierungsbedürftig, aber vielleicht mit ihm auch die Chefs und ihr Verhalten in den deutschen Vorzimmern. Solange wir in einem Zug mit dem Senator-Class-Status und der PS-Leistung der Firmenlimousine genannt werden, kann da doch etwas nicht stimmen?

Wie kann man sich unauffällig absetzen von der Aura des Chefs, die alles um sich herum schluckt wie ein schwarzes Loch? Das einfachste Identifikationsmittel ist die Visitenkarte, und zwar nicht die für den Chef, sondern die für die Sekretärin. Und dass diese eine hat, ist nicht selbstverständlich. Ich selbst hatte bei den wenigen Außenterminen immer die Visitenkarte meines Chefs dabei, auf deren Rückseite ich schnell meinen eigenen Namen mit Telefondurchwahl gekritzelt habe, wenn wirklich einmal jemand etwas von mir und nicht von meinem Chef wollte. Sekretärinnen mit eigener Visitenkarte gehören selbst in den gehobenen Vorstandsetagen zur besonders privilegierten Kaste. Das sind dann keine namenlosen Vorzimmerwesen mehr, sondern der »Personal Assistant«, kurz PA, oder der »Chief Executive Assistant«, kurz CEA. Dadurch lässt sich anschaulich demonstrieren, dass man sich in der Öffentlichkeit bewegt, statt schmallippig hinter dem Schreibtisch zu ergrauen. Fest steht, dass man mit der simplen Frage nach einer eigenen Visitenkarte Chefs immer noch wie ein Auto gucken lassen kann.

Sollte das mit der eigenen Visitenkarte nicht funktionieren, konzentriert sich die Frau im Vorzimmer eben auf andere strategische Schwerpunkte. Wir machen Termine möglich und andere nicht, wir bereiten die Akte für die Aufsichtsratssitzung vor und markern wichtige Stellen an und andere nicht. Im modernen Sekretariat vermischen sich heute die Grenzen zwischen reiner Textbearbeitung und Sachbearbeitung, so sagt man. Unternehmerisches und vernetztes Denken sind gefragt. Vorausdenken statt Mitdenken. Das ist unsere Chance.

Was bleibt der Sekretärin auch sonst übrig, wenn ihr Chef unbedingt selbst viel zu lange E-Mails im Zehn-Finger-Suchsystem fehlerhaft und unter Umgehung jeglicher Regeln der Groß- und Kleinschreibung in den PC donnern will? Immerhin eine Tätigkeit, die traditionell dem Sekretariat zugeordnet ist. Aktuelle Bücher wie »Überleben ohne Sekretärin« fördern diese Entwicklung.

Warum macht er das? Möchte dieser Mann das Gefühl haben, in spontaner Schaffensfreude etwas eigenhändig zu fabrizieren, das Gefühl handwerklich tätig und somit durchaus lebensfähig zu sein? Wenn er abends früher zu Hause wäre, würde so mancher CEO bestimmt sehr gerne mit dem Schäufeleisen in den Garten gehen. Sie warten doch schon alle darauf, dass es Sommer wird und somit der Rasen reif für den Mann am Mäher. Endlich operativ werden, nicht mehr strategisch und abstrakt denken, sondern einfach nur »machen«, möglichst geräuschvoll und mit unmittelbaren, für alle sofort sichtbaren Ergebnissen.

Derweil setzt die Frau im Vorzimmer andere Kapazitäten frei, konzentriert sich lieber auf das »Office-Management« und mitunter darauf, das Wort »Office« vor »Management« auch noch zu streichen, ganz inoffiziell. Konzentration auf Kernkompetenzen sozusagen. Einen entsprechenden Status bekommen wir deswegen noch lange nicht zugewiesen.

Bis dahin werde ich bei der Frage nach meinem Beruf ab jetzt einfach »Tippse« sagen. Oder besser noch Teilzeit-Tippse. Das Wörterbuch der Umgangssprache weiß, dass »Tippse« für »Schreibdame« steht und eher »abwertend« gemeint ist. Dabei ist dieser Begriff gebräuchlicher als wir denken. Er ist klar umrissen und steht für eine ganze Berufsphilosophie. Er ist keine einfache Schublade, er ist ein Stigma!

Wer möchte sich andererseits im Ernst schon mit »Sekretariatsfachfrau« oder – wenn IHK-geprüft – »Fachkauffrau für Büromanagement« vorstellen? Gibt es eine geschützte Berufsbezeichnung in deutscher Sprache, die auch nur annähernd die Tätigkeit einer heutigen, sagen wir Vorstandssekretärin, wiedergibt? Hinweise bitte an die Autorin.

Zurück zur Visitenkarte

Status auf 9 x 5,5 cm. Ich persönlich finde sie zudem immer sehr nützlich bei Autokauf oder Wohnungsbesichtigung ohne männliche Begleitung. Nichts kommt schlimmer als »Ich habe leider keine Karte«, Männer fügen nur ein »dabei« hinzu, und alles stimmt.

Wer einmal erlebt hat, mit welcher Sorgfalt jeder Chef höchstpersönlich bis hin zum letzten Schriftbild-Punkt den Korrekturabzug seiner Visitenkarte begutachtet, wird den Kartenkult verstehen.

Es werden ganze Meetings unterbrochen, um in Ruhe und weltvergessen den Finger über die verschiedensten Papierqualitäten und Stahlstich-Schriften der Kärtchen streifen zu lassen. Ein wohliges Hochgefühl und diebische Vorfreude breiten sich aus.

Folgendes Beispiel vorweg: Ein Chef, der ein Vorstandsmeeting wegen des Korrekturabzugs seiner Visitenkarte um 30 Minuten später beginnen ließ, war Herr Tulny. Ein ganz spezieller Manager-Typ, über den ich in den kommenden Kapiteln noch mehr schreiben werde. Er saß am Schreibtisch, auf dem fein säuberlich der Korrekturabzug sowie alternativ die verschiedensten Papierqualitäten und Drucktypen lagen, die er sich auserbeten hatte. Alle Vorgaben der Corporate Identity, an die sich jeder mit Visitenkarte in diesem Unternehmen halten musste, hatte er für seine Person schon längst vergessen:

»Geht das nicht etwas erhabener?« Er strich mit dem Daumen über die Schrift und blickte seltsam entrückt und gleichzeitig konzentriert aus dem Fenster.

»Das ist ein Stahlstich-Druck, Herr Tulny, keine Blindenschrift. Es wirkt immer edler, wenn nicht ganz so dick aufgetragen wird.« Ich ahnte, was jetzt kam.

»Aber wir wollen doch etwas spüren für unser Geld. Vielleicht sollte das Papier auch etwas dicker sein. Ich weiß nicht, irgendwie robuster, nicht so schwabbelig. Das ist wie beim Daumenkino, Frau Münk. Wenn Sie nach der Reise mit dem Kanzler fünfzig Visitenkarten in der Hand halten und durchgehen, bleiben Sie auch gleich bei der dicksten hängen.«

»Die Papierstärke haben Sie selbst bei der letzten Sitzung mit Corporate Communications so für alle vorgegeben.« Ich setzte mich hin. Es würde länger dauern.

»Ach, Kokolores. Wem fällt das schon auf. Außerdem sagten Sie ›alle‹. Ich bin nicht alle. Ich bin der Chef. Wir nehmen jetzt die. Wenn der Stahlstich schon nicht dicker geht.« Er griff sich eine Papierqualität, die jedem Bierdeckel unter wackelndem Kneipentisch ebenbürtig wäre.

»Sind die Essentials so okay für Sie, Herr Tulny? Definitiv keine Angabe der E-Mail-Adresse, oder doch?«

Jetzt wurde er nachdenklich. »Ach, wer redet denn von E-Mail. Ich denke da eher an meinen Titel.« Er legte die Stirn in Falten.

»Aber Sie haben doch keinen Titel?« Nun kam ich ins Grübeln. War mir irgendeine Honorarprofessur entgangen?

»Ach, Mensch, Frau Münk. Ich meine natürlich meine Funktion. Da steht Vorstandssprecher! Ich fand immer schon, dass das an Klassensprecher erinnert. Eine typisch deutsche Erfindung. Übersetzen Sie das mal. Unmöglich. Man weiß ja gar nicht mehr, wie man sich im Ausland erklären soll.«

»Ja, aber Sie sind doch Vorstandssprecher. So steht es auch auf Ihrem Briefpapier.«

»Ja, aber Briefe trägt man nicht ständig mit sich herum. Visitenkarten schon. Ich finde, hier sollten wir uns auch in der deutschen Fassung bereits etwas internationaler geben. Ich schlage CEO vor. Das spart auch Platz. Der Rest ist okay.« Mit diesen Worten erhob er sich und wollte ins Meeting.

»Aber Herr Tulny. Ein CEO wird offiziell vom Aufsichtsrat bestellt und ein Vorstandssprecher dagegen nur von den Vorständen, oder nicht? Ich bin mir nicht sicher, ob das gesellschaftsrechtlich richtig ist!«

»Was hier richtig oder nicht richtig ist, Frau Münk, entscheide immer noch ich«, sagt's und ließ mich hinter der zugeknallten Tür in einer Wolke von beißendem Aftershave zurück. Managen in Reinstform.

In Zukunft wird ein souveräner Handgriff in die Jackett-Tasche reichen.

Frau ohne Karte muss dagegen ihre geballte Ladung Ausstrahlung, Selbstsicherheit und Intellekt einsetzen, damit ihr stellenwertgemäß begegnet wird.

Hoffnungsvolle Anfänge

1. »Jemand, der mitdenken kann« – Wer formuliert eigentlich Stellenanzeigen?

Mit den traumhaften Chefs ist es wie mit den echten Prinzen. »Die richtig guten gehen unter der Hand weg. Die stehen nicht in der Zeitung«, pflegte schon meine Mutter zu sagen. So ganz Unrecht hatte sie nicht. Meinen Prinzen habe ich auch nicht aus der Zeitung, dafür viele meiner Chefs.

Dieser stand auch drin: Herr Hoffmann, einer von zwei Chefs eines Unternehmens der Chemie-Industrie. Sehr dynamisch, locker, souverän – und jung. Das machte ihn aber nicht weniger schwierig im Umgang. Ich habe es schon längst aufgegeben, Chefs und ihre Arbeitsweise nach ihrem Alter zu beurteilen. Es gibt völlig starrsinnige, hektische Dreißiger und es gibt coole Sechziger, die gerne delegieren, weil das gut für den Blutdruck ist.

Herr Hoffmann sah sich am Ende meiner Probezeit mit meiner Unzufriedenheit aufgrund von latenter Unterforderung konfrontiert und löste die Problematik für seine Person durch eine überraschend klar formulierte Sichtweise. Er war einer der wenigen Chefs, die den Spieß umdrehten und mit wenigen Worten das ausdrückten, was sich sonst kein Chef zu sagen traut: »Ich habe Sie nicht ausgesucht, Frau Münk. Das war mein Kollege, wie Sie wissen. Sie sind die personifizierte Traumvorstellung von unserem Herrn Kramer, theoretisch gesehen. Mein lieber Kollege sucht sich ja sonst auch immer nur das Beste aus. Alles mit Gütesiegel. Aber praktisch gesehen sind Sie mit Ihren Fähigkeiten und Ansprüchen der Albtraum jedes Chefs, Frau Münk. Das was Sie zu können glauben, brauchen wir hier doch alles gar nicht.«

Langsam kam er in Fahrt: »Jetzt müssen wir sehen, wie wir mit Ihnen fertig werden. Ich kann mir doch nicht dauernd Gedanken machen, wie ich Sie fordern kann. Dafür habe ich nun wirklich keine Zeit. Ich für meine Person brauche sowieso nur ein Mädel zum Kopieren und Bänder schreiben. Da kann ich Ihnen nicht helfen, wenn Sie meinen, ich und Herr Kramer würden Sie nicht auslasten. Tja, mit Ihnen hat er wohl ein paar PS zu viel eingekauft, was Frau Münk?«

Er grinste und drehte sich wieder an seinen übervollen Schreibtisch vor den PC.

Er ließ mich im Türrahmen stehen, in der Gewissheit das letzte Wort gehabt zu haben. Doch ich konnte mich jetzt nicht einfach umdrehen und gehen. Seine Ehrlichkeit war verblüffend, ja fast dreist. Aber hatte dieser Mensch als Geschäftsführer denn noch niemals etwas von Führungsverantwortung gehört? Schließlich beruht ein Vertrag auf Gegenseitigkeit. Also gelassen bleiben, souverän, lächeln und – ganz wichtig – volle Lippen, die ich dann auch wie folgt riskierte: »Solange Sie auf Ihrem Schreibtisch vor lauter Papieren das Holz nicht mehr sehen, glaube ich nicht, dass es langfristig mit Kopieren und Ordnerbeschriften getan ist.«

Ups, da war es auch schon heraus. Mein Bemühen um ein aufmunterndes Augenzwinkern konnte jetzt auch nicht mehr helfen. Das einzige, was zwischen ihm und mir stimmte, war die Tatsache, dass wir denselben Humor hatten. Das war meine Rettung. Er drehte sich vom PC weg langsam wieder in meine Richtung, und ich ging in Gedanken bereits den kürzesten Fluchtweg durch. Breites Grinsen. Ich konnte es nicht fassen. »Sie geben wohl nie auf, was, Frau Münk?«

Schlauer war ich danach allerdings auch nicht. Zwei Monate später wurde Herr Hoffmann in die Holding nach Süddeutschland berufen. Und er brauchte eine Sekretärin. Gerne etwas »Altbewährtes« wie mich. Ich lehnte dankend ab, mit Verweis auf meine PS-Stärke. Im Gegenzug hielt er mir wenig später den Entwurf für eine Stellenanzeige unter die Nase. »Sagen Sie mir doch einmal, ob Sie sich darauf bewerben würden. Ich hätte gern Ihre Meinung.«

Ich las: »Vorstand sucht Assistentin, die mit ihm die spannenden und komplexen Herausforderungen des Top-Managements bestreitet.«

Keine Rede mehr vom »Mädel zum Kopieren und Bänder schreiben«. Was war hier spannend, komplex und stellte auch nur annähernd eine Herausforderung dar? Diktiergeräte bedienen oder Kopierer reparieren?

Nach Streichen der Superlative und Annäherung des Stellenprofils an ein halbwegs realistisches Mittelmaß reichte ich Herrn Hoffmann den Anzeigentext zurück. Ich regte zudem an, möglichst auch die Adjektive »ehrgeizig« und »verantwortungsbewusst« zu streichen. »Sie wollen doch keine zweite Frau Münk, Herr Hoffmann, oder?« Er stimmte mir spontan zu, etwas zu schnell, wie ich fand ...

Seine neue Sekretärin ist heute noch bei ihm. Sie legt ihm die Post ungeöffnet vor und möchte auch keinen Zugang zu seinem E-Mail-Account haben. Wenn ihr jemand telefonisch ein Abonnement von »Pferd und Reiter« für ihren Chef nahe legen will, bittet sie um Bedenkzeit und fragt ihn tatsächlich, bevor sie dankend ablehnt. Davon träumt man. Sie ist top zufrieden, befürchte ich. Und er auch. Bingo.

Ich bin da leider etwas schwieriger. Wenn ich eine neue Stelle gesucht habe, bin ich immer generalstabsmäßig vorgegangen. Ich hatte meine Ansprüche und es galt, den Chef zu finden, der diese a) ebenfalls hatte und b) auch mit mir realisieren wollte. Kein einfaches Unterfangen.

Also zurück zum Stellenmarkt. Der erste Griff zur Zeitung sagt schon viel. Dick oder dünn? Jahreszeit, Ferienzeit, Feiertag, Kündigungstermin? FAZ oder Lokalblatt? Am besten beides. Bloß nicht schon im Supermarkt in den Stellenteil schauen. Das wirkt furchtbar unsouverän. Und dass mein zukünftiger Chef ausgerechnet an der Kasse des nächsten Discounters auf mich aufmerksam wird, ist wohl doch eher unwahrscheinlich.

Da erscheint ein ruhiger Sonnabendnachmittag doch einladender zum Studieren der Stellenanzeigen – mit einer Tasse Tee auf dem Sofa und der Schokolade in Reichweite. Optimale Bedingungen also für eine positive Grundeinstellung und für eine gute Trefferquote, denke ich und riskiere einen ersten Blick in die Zeitung.

Aber dann offenbart sich mir die Misere des deutschen Personalwesens in falschen Formulierungen und Worthülsen ohne sachdienliche Hinweise auf den eigentlichen Inhalt der angepriesenen Stellenware. Bis auf wenige Ausnahmen, die ich sorgfältig für den telefonischen Vorab-Check der Rahmendaten am nächsten Montag ausschneide.

Aus der »attraktiven norddeutschen Großstadt« wird am Montag Bad Bramsted, mit hohem Freizeitwert und nur 48 Kilometer von eben solcher entfernt. Aus der »Geschäftsführung« werden drei Herren plus Bereichsleiter, die umsorgt werden möchten. Und eine andere Stelle wird frei, weil der Chef »eine ganz genaue Vorstellung von *seiner* Assistentin hat«. Das bedeutet im Klartext: »Er nimmt nicht jede und ihn nimmt auch nicht jede.«

Danach bleibt nur noch ein Drittel für den Start ins Abenteuer. Eine magere Ausbeute, und das noch vor der Vorstellungsphase – K.o. in der ersten Runde sozusagen.

Leider sind bei Stellenanzeigen noch keine positionsbezogenen Fluktuationskennziffern vorgeschrieben. Schade. Nach den Sekretärinnen für die besonders schwierigen Chef-Exemplare mit entsprechend geringer Durchhaltequote wird sowieso schon längst nur noch verdeckt gefahndet.

Die Durchhaltequote in den deutschen Vorzimmern ist ein guter Indikator für den Führungsstil und die soziale Kompetenz der Manager, eine sehr persönliche, leider oft unterschätzte Messlatte für den Chef – und für die Personalabteilung.

Oft scheitert im Vorfeld das »Deckel-auf-Topf-Konzept« ja schon an ungenügender Personalarbeit. Welcher Chef vertraut nicht gern auf die professionelle Vorauslese anhand einer Stellenanzeige, die er selbst nie Korrektur gelesen hat, die irgendwann in grauer Vorzeit einer seiner Vorgänger lässig abgenickt hat.

Es zeugt auch nicht gerade von guter Öffentlichkeitsarbeit, wenn ein innovatives Energie-Unternehmen innerhalb eines Jahres zum dritten Mal eine Assistentin sucht, die »neben Sachbearbeitung in Vorstandsangelegenheiten Querschnitts- und allgemeine Verwaltungsaufgaben bis hin zum Sekretariatsservice leistet«.

Ich weiß dabei nur, dass es um Strom geht. Um welches Vorstandsressort es sich überhaupt handelt oder was man in diesem Fall unter »Querschnittsaufgaben« versteht, wird mir auf immer verborgen bleiben. Ich habe irgendwie das Gefühl, dass es hier beim »Sekretariatsservice« schwerpunktmäßig ums Kaffeekochen geht. Das wäre zumindest schon einmal eine konkrete Aufgabenbeschreibung.

Weiß hier der Chef, was er eigentlich möchte? Oder was er nicht möchte? Das Logo dieses Unternehmens hat sich mir eingeprägt. Vorsicht, nicht bewerben! Und meinen Strom kaufe ich sowieso woanders.

Eines muss ich allerdings in meiner Lage nicht befürchten: Männer stellen in diesem Job ausnahmsweise keine erdrückende Konkurrenz dar. Und doch müssen alle Stellen seit 1979 geschlechtsneutral ausgeschrieben werden.

Ich habe gelernt: Das Stellenangebot muss sich in der gesamten Ausdrucksweise sowohl an Frauen als auch an Männer richten. Dies ist der Fall, wenn sowohl die männliche als auch die weibliche Berufsbezeichnung (zum Beispiel »Sekretär/-in«) genannt, eine geschlechtsneutrale Bezeichnung (zum Beispiel »Fachkraft«) gewählt oder hinter die geschlechtsspezifische Bezeichnung das Kürzel »(m/w)« gesetzt wird. Eine Anzeige, die sich aufgrund ihres Erscheinungsbildes nur an Männer oder nur an Frauen richtet, ist dagegen nur zulässig, wenn das Geschlecht für die gesuchte Tätigkeit eine unverzichtbare Voraussetzung ist. Zum Beispiel wenn ein Mannequin gesucht wird. Das kommt schon ziemlich nah an die Sekretärinnen-Wunschvorstellung so manches Chefs heran. Er lässt weiterhin einfach Sekretärin statt Sekretär/-in ins Stellenangebot drucken. Strafbarer Sachverhalt. Er rechnet nicht wirklich damit, dass sich a) ein Mann bewirbt und b) dieser auch noch wegen geschlechtlicher Diskriminierung auf Schadensersatz klagt. Das wäre so, als würde ich mich als Bauarbeiterin bewerben und nicht verstehen, warum ich mich für das Tragen von Fünfzig-Kilo-Säcken nicht qualifiziere, wenn es gleichzeitig noch 134 männliche Mitbewerber gibt.

Ich blättere weiter. Möchte ich meinen jetzigen Job tatsächlich für die »eigenständige Erledigung von Teilaufgaben« bei einem größeren Versicherer aufgeben? Werden mir denn noch nicht einmal mehr ganze Aufgaben zugestanden? Wie soll ich dabei durch »überzeugendes Auftreten und zielgerichtete Rhetorik für ein angenehmes Gesprächsklima« sorgen?

Die Reichweite solcher Sätze versteht man erst, wenn man sie zweimal gelesen hat. Teil- statt Ganzaufgaben würden mir zugegebenermaßen viel Zeit für äußerst angenehme Gesprächsklimata in Form morgendlicher Kaffeerunden oder verlängerter Kantinenaufenthalte schaffen.

»Sie sorgte durch zielgerichtete Rhetorik für ein angenehmes Gesprächsklima.« Diese Formulierung hätte in jedem Arbeitszeugnis am Ende der Beschäftigungszeit verheerende Folgen. Wieso druckt man eben solche dann vorher für viel Geld in überdimensionierten Stellenanzeigen ab? Auch hier habe ich mich erst gar nicht beworben.

Ist die Aussage »Sie rechnen weltweit Reisekosten ab« wirklich ernst gemeint? Im Flieger zwischen den Metropolen dieser Welt würde ich das ausgesprochen gern tun. Ich befürchte, es geht mehr um das Abrechnen weltweiter Reisen und wünsche dem Verfasser der Stellenanzeige von ganzem Herzen ein paar Tage Bildungsurlaub. Vielleicht ist er auch einfach nur überarbeitet.

Die Stellenteile von erst zwei Zeitungen haben mich schon drei Schokoriegel gekostet. Denn ohne Schokolade steht Frau das nicht durch. Der Zeiger auf der Waage wird spätestens nach vier Wochen Stellensuche nach oben gegangen sein, und das könnte wiederum Qualifikationspunkte in Sachen Optik kosten.

Ich möchte jetzt eigentlich nicht mehr weiterblättern. Davon abgesehen gibt es ja heutzutage auch nicht mehr viel zu blättern. Wer kündigt schon freiwillig? Ich zweifle an meiner Berufswahl. Gibt es denn kein Angebot, in dem ich mich wiederfinde?

Zugegeben, ich habe meine Ansprüche. Aber die soll man ja bekanntlich nicht vorschnell aufgeben.

Andererseits gibt es da Personalberater, die für ihre hochkarätige Klientel eine exotische Mischung aus Fatal Attraction und Nobelpreisträgerin suchen, die in noch geheim gehaltener Mission sofort überall einsetzbar ist. Der rote Vorhang vor dem Auftraggeber wird vorerst noch nicht gelüftet. Es gibt sehr wenige sachdienliche Hinweise. »Nehmen Sie Kontakt mit uns auf, um weitere Details zu erfragen.«

Wenn gute Personaler mit stattlichem Budget auch für Sekretariatsjobs große Anzeigenformate mit Vokabeln füllen dürfen, kann das geradezu abenteuerlich werden.

Einen meiner erfahrungsreichsten Jobs in der Vorstandsassistenz hätte ich wohl nie bekommen, wenn ich vorher die entsprechende Stellenanzeige gelesen hätte, denn ich hätte mich schlichtweg nicht beworben. Aber Klasse hatte sie, in gewisser Hinsicht jedenfalls.

Ich wusste bis dahin nicht, dass ich zur »initiativen, aber lautlosen Führung eines Top-Sekretariates« imstande bin, »eher distanziert, aber kommunikativ«. Ich vereine in einer Person Superlative wie »Höchst-Professionalität, international ausgerichtete Sachkompetenz, absolute Integrität, außergewöhnlich hohe Selbstständigkeit, unkomplizierte Arbeitsweise gekoppelt mit hohem Bildungsniveau, emotionaler Balance, Belastbarkeit und dem ultimativ stilvollen Erscheinungsbild«.

Eine Sekretärin, die das alles auch konsequent umsetzen möchte, dürfte, wie gesagt, der Albtraum eines jeden Chefs sein – es sei denn, er ist eine Mischung aus Bill Gates, dem Dalai Lama und George Clooney.

Um zur Persönlichkeit des Vorstandssprechers zu passen, bin ich »humorvoll, teamfähig und habe ein Feeling für Situationen und Befindlichkeiten«. Stimmt, Gegensätze ziehen sich eben an. Das kann ich in der Nachbetrachtung nicht verneinen.

Macht man das bei der Auswahl der deutschen Top-Manager auch so? Wie würde sich ein Vorstand auf Stellenbrautschau fühlen, wenn man ihn fragte, ob er »belastbar« oder »emotional ausbalanciert« ist, ob er »mitdenken« könne? »Mitdenken« – warum hängt man so an diesem Wort? Bei mir war diese Fähigkeit zuletzt für die Einschulung entscheidend.

Aber so schnell lasse ich mich nicht entmutigen. Irgendwann später werden aus den chiffrierten Texten ja schließlich echte Menschen, die mir schon genau schildern werden, wo sie mich in ihrem Unternehmen sehen, denke ich. Also auf in die zweite Runde.

2. »Dann erzählen Sie mal!« – Vorstellungskostproben

Der Anruf kam genau zur richtigen Zeit. Gerade war ich nach Frankfurt gekommen, in der Probezeit eines mittelprächtigen Jobs und auf Wohnungssuche. An sich schon einmal keine einfache Konstellation. Da fehlt dann gerade noch ein Chef, der seine ganze Laufbahn wohl behütet innerhalb des Hauses ohne Ortswechsel durchgezogen hat.

Der sagt dann zu seiner Sekretärin, die am Mittwoch seit 7 Uhr 30 im Büro den Wohnungsmarkt studiert: »Ach, Frau Münk, ich bin ja so froh, dass ich in diesen harten Zeiten keine Wohnung mehr suchen muss. Sie tun mir ja so Leid.« Das motiviert für den Tag. Erst recht, wenn danach der Einschub kommt: »Sie wissen ja, wir hätten uns auch für eine Mitarbeiterin aus Frankfurt entscheiden können. Die hat zwar eine Wohnung, aber jetzt den Job nicht. Gleiche Chancen für alle.« Er klopfte mir im Vorbeigehen aufmunternd auf die Schulter. Mitarbeiter-Motivation in Reinstform. Für diesen aufmunternden Kommentar habe ich ihm später ein halbes Kännchen Dosenmilch in seinen Le-Corbusier-Grand-Comfort-Chair geschüttet. Es schwappte einfach so über, als ich das Tablett beim »Abservieren« in seinem

Büro über die Besucherecke balancierte. Wir haben es nie ganz aus den Ritzen heraus bekommen.

Aber zurück zum Anruf. Gute Personalberater finden ihre Kandidaten im entlegensten Winkel der Welt wieder, in der Badewanne, auf dem Wochenmarkt, im Kino, wenn man mal wieder vergessen hat, das Handy auszuschalten – oder eben mitten in der Probezeit.

Die Dame am anderen Ende der Leitung hatte ich vor circa fünf Jahren in Düsseldorf kennen gelernt, und nun hörte ich sie am Telefon fragen, ob ich mich »beruflich verbessern« möchte. Das kommt natürlich immer auf die Ausgangssituation an. Und die war bei mir unbegrenzt verbesserungswürdig. Vor mir lag sofort eine bunte Spielwiese voller Verbesserungsmöglichkeiten. Chance, Veränderung, mein Leben würde ein ganz anderes sein!

Meine Reaktion passte genau in das Konzept von Frau B. Vorsorglich hatte sie auch schon gleich einen Termin zum Vorstellungsgespräch für mich gemacht, was mich ohne vorherige Absprache und Auffrischung des relativ alten Kontakts leicht überraschte. Wie konnte Frau B. eigentlich vorher wissen, ob ich mich gern mit Herrn Dr. Stanz unterhalten möchte? Nur weil er in Frankfurt Sprecher des Vorstands eines renommierten Unternehmens der Lebensmittelbranche mit entsprechend beeindruckendem Jahresumsatz war? Warum war sie so pauschal sicher, dass das alles eine berufliche Verbesserung für mich darstellte? Woran macht man genau »berufliche Verbesserungen« fest? Ab einem gewissen Niveau sind im Sekretariatsbereich die Gehaltsunterschiede ja nicht mehr so fantastisch, als dass man dafür alles gleich stehen und liegen lassen würde.

Vielleicht lag es an der bundesweiten Bedeutsamkeit von Herrn Dr. Stanz. Da sind wir wieder bei der Fremddefinition. Je mächtiger der Chef, desto besser der Job. So einfach ist das bei der Besetzung von Sekretärinnen-Stellen. Man war schlichtweg der Auffassung, dass mich Laufbahn und Zeugnisse für diesen Job prädestinierten. Und Punkt. Die Frage war immer »Könnte der Chef sie haben wollen?« und nicht »Könnte sie die Stelle haben wollen?« Meine Persönlichkeit und meine Zielvorstellungen hatte man nicht so recht in Erinnerung. Mein Einwand, dass das klassische Vorstandssekretariat nicht so ganz meine berufliche Wunschvorstellung sei und mir zu stark eine Richtung vorgeben würde, wurde mit den Worten »Ach, schauen Sie es sich doch erst einmal an« nett weggewischt. Personalberater und Vorstandssprecher müssen viel Zeit haben ... Aber wenn man mir das schon so anbot? Außerdem hatte ich mich schon vor Jahren bei diesem Unternehmen für eine andere Position beworben. Damals hatte man sich anderweitig entschieden. Das würde ich jetzt ausspielen.

Das Gespräch fand dann ohne Personalberaterin statt – ein für mich sehr angenehmer Umstand, andererseits aber auch Beweis großen Vertrauens oder vielmehr hoher Risikobereitschaft seitens der Personalagentur. Im Nachhinein möchte ich allerdings auch die Möglichkeit nicht ausschließen, dass mein Chef mit der Anweisung »Mit der will ich allein sein« alle zarten Ansätze praktizierter Personalarbeit zunichte gemacht hatte.

Andernorts muss man oft zahlreiche Vorgespräche in den verschiedensten Konstellationen durchlaufen, bis man als Kandidatin in die gläserne Etage kommt und dem Interessenten direkt in die Augen blicken darf. Und dann kostet es viel Disziplin, bei diesen Herren, ganz oben am Ende der Nahrungskette, immer noch dieselbe frische Begeisterungsfähigkeit zu versprühen wie am Anfang. Der Anfang, das sind die allerersten Gespräche mit der Personalreferentin, die im Zweifel die oberen Etagen, für die man bestimmt ist, nie betreten hat. Das hat dann was von arrangierter Hochzeit. Wenn man letztendlich ins Allerheiligste vorgedrungen ist, empfindet man die Gespräche dort mitunter als sehr leidenschaftslos. Das liegt meist nicht am so wichtigen Gegenüber, sondern vielmehr an der Tatsache, dass man zum x-ten Mal dieselben Fragen beantworten muss und schwungvoll »noch einmal ganz persönlich« darlegen soll, warum man sich gerade bei diesem Unternehmen bewirbt. Wo man eigentlich nur noch die weiße Fahne schwenken möchte und wie bei der heiligen Inquisition den endgültigen Urteilsspruch herbeisehnt.

Hier dagegen ging es schnell und schnörkellos. So saß ich denn im Ledersofa vor meiner Tasse mit Blümchendekor, mir gegenüber Herr Dr. Stanz, Typ »Fels in der Brandung«, 60 Jahre, mit der geballten Ladung Lebens- und Managementerfahrung, etwas brummig, sehr souverän. Daneben, etwas blasser, der Personalchef, der eher wie ein Protokollführer wirkte.

Es ist beruhigend in ein Vorstellungsgespräch zu gehen, ohne sich auf die Position fixieren zu müssen, da man sie ja eigentlich sowieso nicht möchte. Purer Luxus.

Ich strich meinen Rock glatt.

»Na, dann erzählen Sie mal, was Sie zu uns führt.« Selbstsicher ließ Herr Dr. Stanz sich ins Leder fallen und zündete sich eine Zigarette an.

»Oh, eigentlich müssten Sie mich wiedererkennen«, zwitscherte ich. »Ich war vor drei Jahren bereits einmal hier.« Auch ich machte es mir im Sofa bequem und schlug die Beine übereinander. Das verunsicherte wiederum den Vorstandssprecher, gehobene Augenbraue, Blickkontakt zum Personaler, einhelliges Nicken: »Ja, aber das ist ja schon so lange her.« 1:0 für mich.

Knapp zwei Stunden später hatte sich Herr Dr. Stanz entschieden, mich zu wollen. Was ich nicht wusste: Ab jetzt konnte ihn nichts und niemand mehr davon abbringen.

»Wenn es richtig ist, ist es richtig. Wenn es falsch ist, ist es auch richtig, Frau Münk.« Die Wortkombination »Ja, aber« existierte für ihn schlichtweg nicht. Sein Wille war allgemein gültig. Was er wollte, bekam er. Die unter seiner Egide getätigten Firmenakquisitionen sind legendär und taten augenscheinlich dem Unternehmen sehr gut. Die Steuerfahndung sieht das heute anders.

Ich war mir allerdings noch keinesfalls sicher, ob ich dem Unternehmen, geschweige denn das Unternehmen mir gut tat. Ich liebe Chefs, die irgendwann unvermittelt aufstehen und ihrer »Neuakquisition« strahlend die Hand reichen, um zur neuen Position zu gratulieren. Sie nehmen dann wie selbstverständlich an, damit der Bewerberin die größte Freude ihres Lebens zu machen. Das ist in unserem Sekretärinnen-Job besonders ausgeprägt, sozusagen ein Überbleibsel aus der Geschichte des Patriarchats. Als hätten andere Mütter keine schönen Söhne. Um dem vorzubeugen, bat ich mir rechtzeitig noch Bedenkzeit aus. Warten zu müssen, steigert bekanntlich den Reiz.

Am Abend bekam der Personalchef die Mission, »mich zu verpflichten, koste es, was es wolle«. Bei jedem tollen Auto hätte Herr Dr. Stanz schließlich nicht anders gehandelt. Der Personaler brauchte eine Stunde, um mich endgültig zu überzeugen, dass ich das Unternehmen erst einmal finden müsse, das mir Ähnliches bieten könne.

Grundsätzlich ist es natürlich für jeden Bewerber schön zu erfahren, dass man unbedingt gewollt wird.

Entschlossenheit, Schnelligkeit und vertrauliche Anrufe in den späten Abendstunden machen immer Eindruck. Das gibt dem ganzen einen Touch von Exklusivität und Spannung. Man kommt sich richtig gut vor. Wie in einem der alten Agentenfilme: »Sie sind die Richtige für die Mission. Die einzig überhaupt denkbare Lösung. Erzählen Sie es niemandem. Bewahren Sie noch absolutes Stillschweigen, keine Pressetermine. Es muss schnell gehen.«

Das gefiel mir. Ich war aber in diesem Fall entschlossen, noch etwas zu verhandeln.

Männer denken, Frauen seien viel zu ehrlich und zu gut, um »mitspielen« zu können und eben keine Naturtalente für richtig gute »Deals«. Daher treffe man auch so wenige von ihnen im Top-Management. Da, wo die Männer sich ihren natürlichen Spieltrieb erhalten haben und jederzeit ganz nebenbei ein gutes Geschäft abwickeln, während sich Frau in zahllosen Analyse-Meetings aufreibt. Nun bin ich kein Top-Manager, aber immerhin sollte ich ja einem assistieren.

Am Ende bekam ich schwarz auf weiß eine Anlage zum Vertrag, die mir eine Position mit Projektarbeit außerhalb des Vorstandssekretariates zusicherte, für den Fall, dass ich langfristig in dieser Aufgabe nicht die Erfüllung fände. Na also, geht doch – dachte ich zumindest.

Den Vertrag hatte ich in der Tasche. Die Berge von Bewerbungsmappen und Kopien wurden anschließend im Schrank verstaut, aber wohlweislich noch nicht gleich entsorgt. Um Himmels willen nichts vorschnell wegwerfen, was man später noch verwenden könnte. Dafür hatte ich zu viele Neustarts hinter mir. Und das erste Blatt meines inzwischen zweiseitigen Lebenslaufes war im Notfall stets wieder einsatzbereit.

Ein kurzer Blick auf vergebliche Anläufe, spannende, amüsante, fürchterliche Gespräche. Was sind eigentlich die Essentials des optimalen Vorstellungsgesprächs? Gute Personaler checken mit ihren Bewerbern bereits lange im Vorfeld Profil, Erwartungen, Arbeitsweise, Entwicklungschancen, Rahmenbedingungen. In meinen Gesprächen mit dem eigentlichen Chef ging es immer in erster Linie um Optik und um viel Chemie, denn es gibt wohl keinen anderen Beruf, der in gleichem Maße auf eine bestimmte Person ausgerichtet ist. Man muss sich eben mögen. So einfach ist das. Aber hier liegt gleichzeitig auch die Tragik unseres Jobs. Wir werden mit Haut und Haaren gekauft und kommen bei unseren Chefs, was unsere zeitliche Verfügbarkeit angeht, noch vor den Ehefrauen.

Wenn seine Frau noch schläft oder er als Single oder frisch Geschiedener gerade Knäckebrot und Stehkaffee hinter sich hat, ist die Frau im Vorzimmer oft das erste Gesicht, in das er morgens bewusst blickt, und das möchte er ja schließlich gern tun. Ein frisches und auf jeder Silbe betontes »Guten Morgen« – mit leichtem Anheben der Stimme zum Ende hin – aus einem frisch geschminkten, schimmernden Mund hinter dem Schreibtisch eröffnet den Tag. Es lüftet schwungvoll den Vorhang vor allen anstehenden, weitreichenden Top-Management-Entscheidungen, die in den nächsten acht bis zwölf Stunden noch folgen mögen. Die Sekretärin gibt ihm täglich den kleinen Schubs auf die Bühne.

Zurück zum Interview. Wenn ich dann meinen inzwischen erklärungsbedürftigen Lebenslauf formvollendet, spannend und dennoch kurz gefasst mit voller Begeisterung kundgetan hatte, wurde es immer richtig nett. Wer möchte nicht gern eine schwungvolle Kandidatin mit Erfahrung, die noch viel vorhat und positive Energie verbreitet, die man als Chef ja auch so gern anzapft?

Die Frage, ob das eigentliche Tätigkeitsprofil mit meinem Typ kompatibel ist, war den Entscheidungsträgern nicht immer im Kopf. Ein stichhaltig formuliertes mündliches Stellenprofil gelang den wenigsten Chefs.

Warum kann sich ein Manager so schlecht in seine Sekretärinnen hineindenken? Weil er managen und nicht denken soll? Ein weiser Coach hat mir auf diese Frage einmal folgendes Bild vor Augen geführt: Wenn man als Kapitän ständig den Blick in die weite Ferne auf die Herausforderungen am stürmischen Horizont richtet, verliert man schnell den Blick für denjenigen, der da neben einem im Boot sitzt und das Wasser herausschöpft.

Aber ist das ein Anhaltspunkt? Der Blick zum Horizont? Vielleicht hilft uns eher die Theorie vom männlichen Tunnelblick, der sich in Zeiten höchster beruflicher Herausforderung, Anspannung und Stress besonders manifestiert. Ein reiner Schutzreflex, wie beim Urzeitmenschen, der seine beerenpflückenden Frauen im Hintergrund nicht mehr wahrnahm, wenn er Auge in Auge mit dem Säbelzahntiger stand. Es stellt sich sowieso die Frage, welcher Mann sich überhaupt wirklich in eine Frau hineindenken kann. Das klappt im Job leidlich und auch nur, wenn er diese Frau nicht als Frau sondern geschlechtsunabhängig als Mitarbeiterin wahrnimmt und wenn diese in keinem Abhängigkeitsverhältnis zu ihm steht. Beides ist beim Arbeitsverhältnis Chef/Sekretärin nicht der Fall. Diese Kombi ist der Prototyp von Tarzan und Jane.

Stichwort »Tarzan«: Das einzige Vorstellungsgespräch, das ich meinerseits nach 20 Minuten beendet habe, war das für die Position »Assistentin des IT-Vorstands« eines großen deutschen Verlagshauses. Überdimensionierte Stellenanzeigen und darin benannte hohe Anforderungen sind für ein Unternehmen wie dieses schon einmal grundsätzlich ein gerne eingesetztes Marketing-Tool. »Das ist im Hause so üblich.« Denn oft steckt dahinter gar keine zu besetzende Stelle. Wenn doch, hat man schon mal Glück gehabt.

Mir gegenüber saß dann ein etwa 35-jähriger kämpferischer Top-Manager, soweit man in diesem Alter einer sein kann. Da, wo es im Gespräch sonst immer richtig nett wurde, klärte mich dieser über drei Illusionen auf, die ich mir gleich »abschminken« könne, auch wenn diese explizit in der Stellenanzeige gestanden hatten.

»Außenkontakt? Gleich null. Wir sind eine reine, nach innen gerichtete Serviceabteilung und nicht der PR-Bereich!«

»Projektarbeit und Verantwortung? Wie denn? Viel zu komplexes Thema. Davon würden Sie nichts verstehen.«

»Einsatz der englischen Sprache? Oh Gott, nein. Wir sind interner Service-Provider für ein Unternehmen mit deutschem Kernmarkt.«

Warum perfekte Englischkenntnisse im Profil gefordert waren? Die Erklärung wurde mir wie selbstverständlich präsentiert: »Darauf lege ich ganz persönlich Wert. Ich möchte mich lieber mit Menschen umgeben, die eine gewisse Bildung und Globalität mitbringen. Das ist so eine intellektuelle Macke von mir. Sie wissen schon. Leute, die wissen, wie man bei Tisch einen Hummer isst, ohne gleich das Besteck zu verbiegen. Aber glauben Sie deswegen bloß nicht, dass Sie hier Hummer kriegen!«

Ich verabschiedete mich spontan und bestimmt, aber höflich und überließ den 35-jährigen Top-Manager seinem Restschicksal.

Ich täte den deutschen Chefetagen unrecht, wenn ich nicht sagen würde, dass auch einige sehr gute Gespräche mit tollen Persönlichkeiten dabei waren. Alle Vorstellungsgespräche sind Bühnenauftritte für ausgesuchtes Publikum – und so manch toller Flattermann ließ über die Zeit mächtig Federn, aus liebenswerten Typen wurden liebestolle, aus mutigen Visionären wurden Revolverhelden – und einige wenige blieben einfach so, wie sie sich auch vorher gegeben hatten: gewöhnungsbedürftig vielleicht, aber charaktervoll und authentisch.

3. »Drum prüfe, wer sich ewig bindet« – Wundertüte Probezeit

»Wenn ich klingle, kommen!«

Man stelle sich eine Probezeit bei Herrn Dr. Stanz vor. Alles neu. Alles unbekannt. Mondlandung.

Während ich telefonierte, klingelte es aus einer Ecke hinter dem Fenstervorhang. Verlorenes Handy? Noch bevor ich mich gedanklich näher damit beschäftigen konnte, brüllte es aus dem Nebenzimmer:

»Wenn ich klingle, kommen!«

Ich beendete das Telefonat und öffnete die Tür: »Hier bin ich.«

»Sie haben telefoniert.«

»Ja, und jetzt bin ich da.«

»Ich brauche Sie immer sofort.«

»Kein Problem, aber Herr Seeler (Aufsichtsratsvorsitzender) brauchte mich auch sofort.« Kurzes Augenbrauen-Zucken: »Trotzdem, wenn ich klingle, kommen.«

»Wo haben Sie denn geklingelt?«

»An meinem Knopf.«

»Welchen Knopf denn, ich meine nur präventiv für das nächste Mal ...«

Zeigt auf einen Knopf unter seiner Schreibtischplatte: »Wenn ich klingle, alle Gespräche beenden und sofort kommen.«

»Aber ich habe doch eine Zweitleitung am Telefon. Bei mir hat es hinter dem Vorhang geklingelt.«

»Sie sollen ja auch nicht nachsehen und abheben, sondern kommen. Sofort. Was wollte denn Herr Seeler?«

»Er wollte nur einmal durchklingeln und Sie bitten, sofort zu ihm zu kommen.«

Meine Kollegin fand ich anschließend im Lachkrampf hyperventilierend unter ihrem Schreibtisch vor. Dieser Dialog zum Thema »Wie vermittele ich meiner neuen Mitarbeiterin, was ich will?« fand in einem Stadium meiner Probezeit statt, das irgendwo zwischen der Kapitulations- und der Jetzt-erst-recht-Phase lag.

Der rote Knopf unter dem Schreibtisch stammte wohl aus der »Eaton-Place-Zeit« in den späten Siebzigerjahren, wenn der Lord Rosy zum Tee-Servieren rief. Ich habe anschließend die feudalistische Schnur mit der Klingel hinter dem Vorhang eigenhändig mittels einer profanen Schere durchgeschnitten. Weg mit den alten Zöpfen. Mut zum Risiko. Probezeit hin oder her. Danach fühlte ich mich etwas besser.

Sogenannte »Klingelknöpfe« gehören außerhalb von Notfallambulanzen und Intensivstationen verboten.

Ich selbst musste ja schließlich auch alles Gewohnte mental über Bord werfen und erst einmal kleine Brötchen backen. Das fing beim Kleidercode an (»Seine Lieblingsfarbe ist karminrot«), ging über die Lateral-Hängeregistratur (»Bitte alle Reiter auf den Mappen in rot/kursiv, Schriftpunktgröße 8 in Arial beschriften«) und endete irgendwo im Nirwana dieses Mikrokosmos, der aus unausgesprochenen Gesetzen und »Das-hat-sich-bewährt-Regeln« bestand.

Die Umstellungs- und Anpassungsfähigkeiten, die man dabei mit der Zeit entwickelt, formen den Charakter und schützen vor Überheblichkeit und Eitelkeiten, von denen langjährig gediente Sekretärinnen auch nicht ganz frei sind. Man muss nur oft genug den Job wechseln.

Ich habe in meiner Sekretärinnen-Laufbahn viermal in der Probezeit gekündigt. Mich erschüttern nur noch Naturkatastrophen. Insbesondere die letzten Jahre verzerrten den Schnitt erheblich. Aber ich bin in guter Gesellschaft: Düstere Statistiken besagen, dass im Schnitt ein Viertel der Arbeitnehmer im ersten Jahr wieder kündigt. Auch die Halbwertzeit von insbesondere deutschen Firmenchefs wird immer kürzer. Seit 1995 hat die Fluktuation von Spitzenmanagern um 170 Prozent zugenommen.

Wieso sollte das für die Frau im Vorzimmer nicht gelten? Sie durchlebt und verarbeitet eins zu eins nicht nur Krisen und Erfolge der Big shots, sondern auch die vor dem Kollegenkreis, der Gattin und vor der Öffentlichkeit geschickt verborgenen Neurosen und Wutausbrüche. Eine potenzielle Kündigungsgefahr ist also bei so manchem Sekretariatsjob latent von Anfang an vorhanden. Die Kunst ist es, die Frau zu finden, die es am längsten aushält.

Intuitives Wissensmanagement

Aber erst einmal musste ich die Probezeit bei Herrn Dr. Stanz überstehen. Nur wie? Rein optisch am besten klassisch, schick und nicht zu auffällig gekleidet, um auf der Urteilsskala von bieder bis flippig ein gesundes Mittelmaß zu erreichen. Offene Mimik, nicht zu schüchtern, nicht zu überdreht. Neue Ideen vorbringen, aber nicht zu viele, nicht anbiedern. Und meine individuelle Note – ja, auch Sekretärinnen können Charisma haben – würde ich erst im Laufe der Zeit und nur geschickt dosiert versprühen. Alles auch zum Wohle meines Chefs. Schließlich sollte dann, am Ende aller Entbehrungen der ersten Zeit, mein Büro ja leben und nicht nur eine graue Übergangszone zu seinem Büro bilden. Kraftquelle, letzte Auftankstation – und nicht der Vorhof zur Hölle – für jeden Mitarbeiter, der zum Chef musste.

Meine Kolleginnen auf dem Flur mit dem tiefen Teppich waren ein eingespieltes Team von guten Geistern mit starkem Zusammengehörigkeitsgefühl. Keine ging durch eine Krise, die die andere nicht auch schon erlebt hatte. In diese Kette musste man von Anfang an hineinpassen, sonst war man als »Neue« allein und chancenlos. Auch der Altersmix von 25 bis 60 kann ein gutes Rezept sein, da jede gute Fee andere Erfahrungshorizonte mitbrachte und wir uns auch äußerlich keine Konkurrenz machen mussten.

Charakter vor Schönheit. Das sieht mancher Chef anders, und alles zusammen ist ihm dann auch wieder zu viel. Die Wörter Intelligenz und Schönheit sind im männlichen Hirn entweder in Kombination nicht vorhanden oder zusammen eher negativ besetzt.

Herrn Dr. Stanz empfand ich eher als geschlechtsneutrales »Es«. Die Körper gewordene Prüfung, die mir irgendjemand auferlegt hatte, der mich nicht mag. Kein persönliches Wort. Keine spontanen Reaktionen. Floss wirklich Blut in seinen Adern? Ein hartes Stück Arbeit kam auf mich zu. Seine grimmigen Gesichtszüge schrien geradezu nach einer Botox-Unterspritzung.

Aber er war zumindest kein Choleriker. Er gehörte nicht zu den Chefs, die ihre eigene Energie und die ihrer Sekretärin vergeuden wie jemand, der im Sommer die Heizung auf Stufe fünf laufen lässt. Es gab Hoffnung.

Um meine Einarbeitung musste ich mich selbst kümmern. »Intuitives Wissens-Management« nennt man so etwas wohl. Denn während Personalneuzugänge bei den Vorständen Einarbeitungsphasen mit möglichst übersichtlich gestalteten Data Sheets in hochkarätig besetzten personalstarken Meetings durchlaufen, tauchen Neuankömmlinge im Vorzimmer erstens allein und zweitens kopfüber ins kalte Wasser.

Jede Sekretärin weiß ohne Einarbeitung instinktiv, wo »die Präsentation zum Thema Ach-Sie-wissen-schon von Herrn Sowieso von vor ein paar Monaten« zu finden ist. Wichtigkeit und Herzenswünsche von kurz angebundenen Anrufern, die nicht grüßen und sich nicht vorstellen, erahnt sie prompt. Den Terminkalender hat sie spätestens am dritten Tag für das laufende und kommende Jahr verinnerlicht.

Herr Dr. Stanz war kein Mann der großen Worte, geschweige denn ganzer Sätze.

Mit rudimentären Basisdaten bestritt ich mutig die ersten Tage, erriet, was er in welcher Form zu welchem Zeitpunkt gern eventuell bekommen würde, und holte mir alle anderen Informationen von Kollegen und Führungskräften an der unmittelbaren Quelle. Es ist müßig zu erwarten, dass ein Chef seiner Sekretärin irgendwelche Dinge erklärt, die auch andere wissen könnten. Nach vier Wochen stand mein Netzwerk aus Bereichsleitern der dritten und vierten Führungsebene, den Abteilungsleitern aus PR, Finanzen, Organisation und Technik, den guten Feen in der Buchhaltung und im Reisebüro, der heiße Draht zum Hausmeister, zur Kantinenchefin und zur Putzfrau.

Außerdem prallten mit meinem Chef und mir zwei ostwestfälische Sturköpfe aneinander. Statt uns in Fragen und Erklärungen zu ergehen, tauschten wir lediglich morgens Stichworte und abends Endresultate aus. Mit der Zeit funktionierte das tatsächlich.

Zeugen unserer morgendlichen Dialoge hatten mitunter den Eindruck, in einem Kommandobunker zu sein, in dem jede verschenkte Sekunde Menschenleben fordern könnte:

»Post?«

»Überschaubar. In Ihrer Mappe auf dem Schreibtisch.«

»Seeler geschrieben?«

»Liegt oben auf.«

»Antwort wie besprochen.«

»Deadline?«

»Heute. Sonst noch?«

»Rückrufliste liegt auch auf Ihrem Tisch.«

»Alles heute?«

»Empfehle die ersten drei heute Vormittag noch. Soll ich verbinden oder rufen Sie selbst durch?«

»Ich.«

»Ihr Auto muss morgen zum TÜV?«

»Machen lassen. Taxi, morgen. Acht zwanzig.«

»Alle Akten für die Reise übermorgen liegen auf dem Sideboard.«

»Ah. Wann?«

»07.05 Uhr, LH 5100. Sie müssen jetzt ins Meeting.«

»Eh?«

»Die Arbeitsgruppe Steuern.«

»Ohne mich. Jetzt Seeler.«

»Okay, stelle durch.«

»Kaffee.«

Beim Codewort »Kaffee« erwartete Herr Dr. Stanz keine Antwort, sondern Kaffee. Ich habe am Anfang darauf einmal erwidert: »Kommt sofort.« Darauf kam von ihm tatsächlich ein ganzer Satz: »Nun hauen Sie mal nicht so auf die Sahne.«

Glücklicherweise hatte und habe ich einen kommunikativen Freundeskreis, mit dem ich auf die Mindestzahl an gesprochenen Sätzen komme, die eine Frau so täglich braucht.

Wichtiger Punkt war natürlich der neue Job selbst. Abgesehen von Ablagebergen, die mehr an ein Antiquariat als an ein modernes Office erinnerten, abgenagten Bleistiften und Brotkrümeln in den Schreibtischschubladen stieß ich auf keine hilfreichen Spuren meiner Vorgängerin. Zeichen überstürzter Abreise sozusagen. Ganz schlechtes Feng Shui. Als glühende Anhängerin dieser fernöstlichen Philosophie machte ich mich in den Abendstunden der ersten Tage daran, aufgestaute Alt-Energien und Gerümpel wegzuschaffen, um meiner beruflichen Zukunft erst einmal räumlich einen Weg zu bahnen.

Von Einarbeitungszeiten, die eine Woche überschreiten, halte ich wenig. Mit Joberfahrung und Pragmatismus sollte man auch ohne Hilfestellung von Personen, die sich eigentlich schon aus ihrem Job verabschiedet haben, zurechtkommen.

Für diese Einstellung bezahlt man unter Umständen am Anfang mit Wissenslücken und Patzern. In solchen Momenten funktioniert es mitunter, charmant den Kopf zu neigen, große Augen zu machen und keck mit zuckenden Schultern zu zwitschern: »Sorry, Sekretärin, blond.« Auch diesen Feldversuch habe ich bereits erfolgreich absolviert. Das klappt allerdings nur, wenn man den jeweiligen Chef vorher durch Leistung vom Gegenteil überzeugt hat und er die Sache komisch und nicht ernst nimmt.

Bei den wirklichen Big shots ohne Zeit und Geduld verhält es sich in solchen Situationen anders. Hier ist Humor dann fehl am Platze. Wie sage ich ihm also, dass ich die Unterlagen nicht finde? Am besten gar nicht. Man improvisiert schnellstmöglich, statt lange Suchaktionen zu starten, und besorgt sich die Unterlagen auf anderem Wege, ohne dass der Boss es merkt. Muss er auch nicht. Das Endresultat und nicht die Vorgeschichte zählt. Das leben uns die Chefs ja vor. Die Profis unter den Sekretärinnen überzeugen ihren Chef erfolgreich, dass er die betreffenden Unterlagen eigentlich für diesen Termin überhaupt nicht braucht.

Wege aus der Probezeit

Die Probezeit ist eine Wundertüte, deren Inhalt man nach etwa drei Monaten erforscht hat. Ich habe meine Bewährungsproben immer in Phasen aufgeteilt, um meine Geduld und die meiner Chefs nicht allzu sehr zu strapazieren.

1. Die Lernphase nach besagter Mondlandung. »Die Neue« wird behandelt wie ein junges Küken und muss sich verhalten wie ein alter Hase.
2. Die Hinnehmphase, in der man gute Freunde haben oder viel Sport treiben sollte. Denn dies ist die Zeit des »Tippsen-Blues«.
3. Die Kapitulationsphase
   Mir hat ein Management-Coach einmal gesagt, ich solle mir nicht über meinen schwierigen Chef die Haare raufen, sondern mich über ihn freuen, da es ja einen besseren Trainer fürs Leben nicht gebe. Hoher Schwierigkeitsgrad, hohe Benchmark. Das mag stimmen. Aber wenn der Bauch sich irgendwann ballonartig von selbst aufpustet und Frau von all den Schokoriegeln als Ersatz fürs Mittagessen Pickel wie ein pubertierender Teenager bekommt, ist es an der Zeit, etwas zu ändern. Niemand sollte sich hoffnungslos überfordern oder zu Tode langweilen. Kämpfen ja, leiden nein. Und der schöne Spruch »Lerne zu lieben, was du nicht ändern kannst« hilft dann auch nicht mehr. Also Jobwechsel statt Weight Watchers und Darmspiegelung.
4. Die Jetzt-erst-recht-Phase oder – wie ich sie nenne – die »Don't-get-mad-get-even-Phase«
   Die Alternative zur Kapitulationsphase. Die Sekretärin schafft den Turnaround, als Maggy Thatcher und Mutter Teresa in

Personalunion sozusagen. Und natürlich immer ganz Frau bleiben und dabei aussehen wie Catherine Zeta Jones.

Irgendwann ist auch der strengste Winter vorbei und die längste Strichliste abgearbeitet. Das Ende der Probezeit ist da. Und wie immer ist man selbst die einzige, die daran denkt.

»Wissen Sie, dass heute meine Probezeit vorbei ist, Herr Dr. Stanz?«

Er saß an seinem Schreibtisch und blickte nicht einmal von der vor ihm liegenden Präsentation auf. Genauso gut hätte ich sagen können: »Ich habe eine Kokospalme auf Haiti gekauft.«

»Schön für Sie und für uns, Frau Münk. Na, hat doch geklappt.«

Hätte er jetzt etwas im Mund gehabt, er hätte es auch mit vollem Mund gesagt.

Damit war für ihn die Sache erledigt. Aber nicht für mich.

Wir alle wissen, dass man es *so nicht* macht! Ich hatte das Thema vorgebracht, als wir in seinem Territorium, sprich Büro waren. Das nächste Mal würde ich ihn in »meinem« Sekretariat festnageln, ohne Fluchtmöglichkeit. Und ich würde ihm den Stuhl in die Kniekehlen rammen, damit er sich setzt. Auf Augenhöhe. Und ich würde ihm mein Fazit aus sechs Monaten Schufterei, meine Pro-und-Contra-Liste, unter die Nase halten.

Gesagt, getan. Er war dann doch etwas über meine Hartnäckigkeit erstaunt. Chefs lieben Pro-und-Contra-Listen. Aber nicht in Personalgesprächen. Damit kann man sie quälen, wunderbar. Er hatte jetzt meine Liste vor sich liegen, mit leichtem Überhang auf der Contra-Seite, da wo es den Optimierungsspielraum gab. Ich hatte mir wirklich Gedanken gemacht. Vorbildlich, wie ich fand. Damit hatte ich ihn hoffnungslos überfordert.

In Momenten potenzieller großer Bedrohung kamen in Herrn Dr. Stanz der Kommunikator und mit ihm ganze Sätze zum Vorschein. Er wurde zahm wie ein dickes, flauschiges Karnickel.

»Na, Frau Münk, Sie sind ja ein ganz schöner Spielverderber. Ich bin mit Ihnen top zufrieden, wie gesagt. Wenn Sie ein Problem mit Ihrem Job haben, ist das in erster Linie Ihr Problem.

Schauen Sie, so schlimm bin ich doch gar nicht. Das kriegen wir schon hin. In aller Ruhe sozusagen. Sie müssen etwas geduldiger mit sich und Ihrer Umgebung sein.«

»Ich dachte, das hätte ich in sechs Monaten Probezeit schon bewiesen, und ich hatte gehofft, wir könnten jetzt überlegen, wie wir das Sekretariat und unsere Zusammenarbeit weiter optimieren können.«

Das war für ihn der Blick in den Lauf meines Gewehres, eins zu eins Reflexion des eigenen Arbeits- und Führungsstils. Unschön.

»Wir sollten das zu gegebener Zeit nochmals in Ruhe erörtern. Habe ich jetzt nicht ein Meeting?« Und weg war er.

Sollte von den Chefs nicht früher oder später die konspirative »Die-muss-weg-Mission« an den Personalchef ergehen, wird das Ende der Probezeit beflissentlich und nonchalant übergangen. Es gibt nur diese beiden Extreme. Denn hier handelt es sich nicht um ein Meeting, in dem Themen wie Marktanteile, Budgets, Fluglinien, Autos, Restaurants etc. erörtert werden. Hier verlässt der Top-Manager sicheres Terrain und muss sich in die Niederungen angewandter Personalarbeit begeben. Sehr unangenehm. Genauso verhält es sich mit den sogenannten »Jahresabschluss-Gesprächen«, die mit Sekretärinnen schlichtweg nicht geführt werden.

Dabei trifft den Chef keine Schuld, er möchte doch nur eine zufriedene Top-Kraft, die nach absolvierter Probezeit keine Ansprüche stellt, vor allem gute Laune und geschmackvolles Parfum versprüht und so ganz nebenbei sein Leben managt.

Im Zentrum der Macht – Ein Fall von Ohnmacht

1. Sie sind alle Brüder – Von Schreibtischtätern, Fürsten, Gurus, Medienstars

Womit habe ich eigentlich in meiner Laufbahn solche Chefs verdient? Ich stelle mir lieber nicht vor, was ich in meinem früheren Leben verbrochen habe. Vom kommunikationsgestörten Patriarchen über getriebene Tiger im Käfig bis hin zu manisch-depressiven Patienten mit klinischem Befund – die Anzahl der Chefs, die ich und die mich erlebten, gäbe eine ganze Fußballmannschaft ab – voller Unikate, mit schwachem Zuspiel, ohne Torwart und Schiedsrichter, nur mit Stürmern. Und sie würden foulen, was das Zeug hält.

Instinkte

Im gehobenen Management der Deutschland AG kennt Erfolg keine Argumente, und die Karriere fördert mitunter unangenehme Eigenschaften. Wenn ich dann kam, war es immer schon zu spät. Die Seele war bereits meistbietend versteigert und das Alpha-Tier hatte seine volle Größe erreicht.

Bleiben wir in der Tierwelt. Stichwort Instinkte. Herr Dr. Stanz hatte einen Vorstandskollegen, der das absolute Gegenteil von ihm selbst war: Stilvoll, eloquent, einfühlsam. Ein aufmerksamer Beobachter. Er strahlte so eine souveräne Gelassenheit aus. Eben was Frauen wollen.

Beide Chefs verstanden sich trotzdem oder gerade deswegen hervorragend. Dieser Kollege, unser Marketingvorstand – studierter Psychologe und einer der wirklich guten Chef-Exemplare – hatte entschieden, durch ein etwas anderes Management-Seminar Mehrwert für den Vorstand und somit für das Unternehmen zu schaffen.

Was die Herren nicht wussten: Ihnen stand ein Seminar mit einem sogenannten »Pferdeflüsterer« bevor. Dieses Training basiert auf dem Gedanken, dass dem Pferd, »dem Trainer mit den großen Nüstern«, keine noch so unbewusste Regung entgeht. Präsenz, natürliche Autorität, Führungsqualität, Unsicherheit, Schauspielerei – das alles kann sich eins zu eins im Verhalten des Pferdes und somit nach außen hin sichtbar spiegeln, so sagt man.

»Klausur, wir fahren ins Grüne, raus aus Frankfurt.« Mehr drang nicht nach außen. Ein Hauch von Vorfreude aufs Unbekannte war spürbar. So stiegen sie denn in ihren Manchester-Hosen und dunkelblauen Freizeit-Kaschmir-Pullis in ihre Limousinen und gönnten ihrer Entourage eine kleine Auszeit von ihnen.

Das erste, was ich zu Beginn des zweiten cheflosen Tages wahrnahm, war ein hochvertrauliches Telefax des Seminarveranstalters mit dem Vermerk, dass man jegliche Verantwortung und Haftung für das vorzeitige Abbrechen des Seminars ablehne. »Das ist mir in meiner ganzen Laufbahn noch nicht passiert«, schrieb da ein fassungsloser Seminarleiter.

Im selben Augenblick fuhr der Wagen von Herrn Dr. Stanz bereits mit quietschenden Bremsen vor die Stufen der Hauptverwaltung.

Das Seminar war vorzeitig für beendet erklärt worden. Kein Wunder. Die Warnung an den Seminarleiter hätte ich gleich abgeben können: Man durfte kein Pferd ohne Vorbereitung mit meinem Chef konfrontieren. So einfach war das. Pferde spiegeln Verhalten.

Herr Dr. Stanz war alles andere als unsicher, oder doch? Eher bedrohlich, der Hengst schlechthin. Was blieb der armen Seminar-Stute auch übrig, als vor den mitleidigen Blicken der Kollegen vor Stanz die Flucht zu ergreifen und ihn in einer Staubwolke stehen zu lassen. Irgendwann musste er dann wütend geworden sein. Die Stute hatte sich auch im Anschluss demonstrativ geweigert, sich ihm zu nähern, geschweige denn ihm zu folgen.

Dr. Stanz reiste daraufhin unverzüglich ab. Derart konfrontiert mit seinem Ich-Zustand lehnte er jegliche Interpretation und Aufarbeitung ab und verdonnerte seine Kollegen zum absoluten Stillschweigen über dieses Vorkommnis und darüber hinaus natürlich zum Abbruch des Seminars. Wer möchte schon allein im Staub eines davongaloppierenden Pferdes zurückbleiben?

Am Kopierer hörte ich über meiner Schulter eine Stimme: »Chapeau, neun Zentner Lebendgewicht flüchten spontan vor Ihrem Chef, und Sie Fliegengewicht werden seit drei Jahren mit ihm fertig.« Da ist sie, die echte Mitarbeitermotivation. Von Helga, einer meiner Kolleginnen auf dem Vorstandsflur, mit 40 Jahren Praxiserfahrung auf dem Buckel. Der weibliche Fels in der Brandung. Ihr konnte man so leicht nichts mehr vormachen, und sie war die starke weibliche Schulter für alle, die wieder einmal eine Krise hatten. Fragen Sie Helga. Sie hätte eine eigene Kolumne verdient. Ein Lob aus ihrem Munde war wie ein Ritterschlag.

Der Narzisst

(Duden: Narzi**ss**, jemand der sich selbst bewundert – Narzi**sst**, an Narzissmus Leidender)

Wirklich verhängnisvoll ist der Typ »Narzisst«. Die Metamorphose zum Egomanen vollzieht sich nicht abrupt, sondern eher schleichend und mehr oder weniger bewusst. Den Hang zur Selbsterhöhung habe ich wirklich bei jedem Chef festgestellt, wenn auch mehr oder weniger ausgeprägt.

Bei der männlichen Spezies scheint dieser überlebenswichtig zu sein, und das seit Menschengedenken. Wer als Mann vor Millionen von Jahren weder stark noch groß war, hatte schlechte Chancen. Attribute wie »humorvoll«, »eloquent« oder »gutaussehend« spielten in der Steppe schlichtweg noch keine Rolle. Allein damit hätten wir uns nicht vermehrt. Und Robbie Williams ist ja auch noch nicht Vater.

Wie stellt Mann also sein Ego heraus, in der Wildnis und am sturmumtosten Gipfel der Macht? Er kann sich nicht einfach nur schön schminken und singen. Bei uns Frauen sind die Möglichkeiten, rein äußerlich unsere Eitelkeit zu zelebrieren, eindeutig größer.

Auf der Wirtschaftsbühne wird deshalb mit anderen Mitteln Marketing in eigener Sache gemacht. Das geschieht meistens wohl kalkuliert und schonungslos. Männer tragen ihr Make-up innerlich. Ihre Eitelkeit äußert sich nicht über die Auswahl von kleinen netten Accessoires, sie halten sich nicht mit Kleinigkeiten auf. Schließlich ist bei günstigen Rahmenbedingungen der Sprung zum astronomischen Jahresgehalt mit eigenem Toilettenschlüssel und schalldichtem Aufzug, mit 350 PS unter der Sitzheizung und einer scharfen Sekretärin schnell gemacht. Das beschleunigende Element dabei ist eine willige Entourage von stets zustimmenden Bereichsleitern und Assistenten. Fertig ist der Thron. Das Überleben in der Wildnis des Top-Managements ist gesichert. Damit ist jeder Mann fast so attraktiv wie Robbie Williams. Und am meisten glaubt er selbst daran.

»Der persönliche Stab des Prinzen umfasst 85 Beschäftigte, darunter vier Kammerdiener, die nur für seine Garderobe zuständig sind, neun Gärtner, fünf Chauffeure und vier Köche. Jetzt stellt die Queen ihm einen Finanzwächter an die Seite.« Zugegeben, Prinz Charles ist die obere Benchmark, aber der hatte ja auch eine schwierige Kindheit.

Statussymbole sind im Top-Management unverzichtbare Rahmenbedingungen. Das wichtigste nach dem Auto ist die Sekretärin. Was macht uns eigentlich dazu? Qualifikation gehört zur Basisausstattung wie bei jedem Fahrgestell, das aus einem guten Rennstall kommt. Akzente werden erst mit der Sonderausstattung gesetzt: Immer noch gerne blond, aber nicht naiv. Gerne attraktiv, aber nicht zu sexy. Schließlich will Mann keine Sirene im Vorzimmer, bei der die Vorstandskollegen tuscheln könnten: »Hat der das jetzt nötig?« Selbstsicher muss sie sein, durchaus, aber nicht zickig. Kleine Männer umgeben sich auch mitunter gern mit Frauen, die auf ihren Pumps einen Kopf größer sind. Das stört sie gar nicht, denn schließlich handelt es sich ja um eine teuer eingekaufte Frau und nicht um einen Mann, mit dem man sich vergleichen müsste. Bei ihren Autos vergessen viele Chefs ja schließlich auch ganz bewusst jegliche Proportionsverhältnisse.

Der Narzissmus kann bei einigen CEOs subtile Blüten treiben, die ganz im Verborgenen blühen und normalerweise nur den Insidern in verschwiegenen Vorzimmern bekannt sind.

Wen interessieren dort schon Abfindungen und Gehälter in zweistelliger Millionenhöhe, die man sowieso in jeder Zeitschrift nachlesen kann? Darüber empört sich bereits die ganze Nation. Es sind vielmehr die kleinen, peinlichen Auftritte, bei denen wir mit dem Kopf schütteln, die köstlichen Allüren und bizarren Selbstgefälligkeiten, die normalerweise niemand sofort mitbekommt.

Die kritische Distanz zur eigenen Person und damit jegliche Bodenhaftung und Vorbildfunktion gehen spätestens dann verloren, wenn der Chef zweimal wöchentlich zur Arbeitszeit um 10.00 Uhr Maniküre- und einmal wöchentlich Pediküre-Termine im Wellness-Bereich des ersten Hotels am Platze machen lässt. Und bringt es das Unternehmen wirklich voran, wenn er auf der Suche nach einem wahrhaft fürstlichen Bodenbelag für sein Büro ein halbes Dutzend afghanischer Teppichhändler zum Beauty Contest antanzen lässt? »Frau Münk, ich denke, wir lassen uns in dieser Woche von den Teppichen, die ich in die engere Wahl genommen habe, täglich einen anderen ausrollen. Dann werden wir mal sehen, mit welchem Muster wir uns am wohlsten fühlen.«

Diese mitunter langwierigen und aufwändigen Entscheidungsprozesse auf dem Weg zur optimalen repräsentativen Inneneinrichtung des CEO Rooms bekommt im Zweifel nur die Sekretärin mit.

Sie weiß auch, dass er seine Garderobe gern auch schon einmal auf der Rückbank liegend in der Limousine mit Chauffeur vorausschickt, wenn Tagungen im innereuropäischen Ausland stattfinden. Auch wenn vor Ort weder Auto noch Chauffeur gebraucht werden.

Überhaupt, Chauffeure könnten ein »Handbuch für Narzissten« schreiben und ihren Enkelkindern Geschichten erzählen, die schon heute niemand mehr glauben würde. Die letzten wirklichen Geheimnisträger der Nation. Die Chauffeure, die ich kannte, konnte nichts mehr erschüttern. Wilde oder – schlimmer – ungelenke Eskapaden der Führungsriege mit ihrer weiblichen Begleitung auf dem Rücksitz mit anschließender

Reinigungsaktion des Wageninneren rangen ihnen nur ein müdes Schulterzucken ab.

Auf öffentlichem Parkett dagegen kannte ich meine Chefs oft nicht wieder. Wie ausgewechselt. Woran liegt das? Ganz einfach: Es schlagen zwei Herzen in ihrer Brust – Superman und Caveman. Vor Publikum wird peinlich darauf geachtet, einen blendenden Eindruck zu hinterlassen. Schließlich ist der nächste Fotograf nie weit. Man ist nicht nur gut gelaunt, umgänglich, vorbildlich in Form und Inhalt, auch jovial – und mitunter witzig. Sich angenehm abheben von der glatten Konkurrenz, unauffällig, aber gezielt. Erinnerungswerte schaffen. Ein Ganzkörper-Make-up sozusagen.

Zu Hause im Büro vollzieht sich dann ein Ganzkörper-Peeling. Locker werden, Caveman sein, abreagieren, auftanken. Etliche Manager vergessen dann mitunter auch so eigentlich selbstverständliche Dinge wie gute Manieren. Offensichtlich sind diese nicht bei allen Chefs in Fleisch und Blut übergegangen.

Caveman

Ungefilterte Instinkthandlungen machen auch und gerade vor dem eigenen Sekretariat und der Anwesenheit einer Frau nicht immer halt:

Sehr oft kam es vor, dass Herr Dr. Stanz würdevoll aus seinem Büro an meinen Schreibtisch trat und sich dann – auf meiner Augenhöhe – gedankenverloren und souverän langsam vorne in die Hose fasste, um anschließend mit kreisenden Bewegungen beider Hände um die beleibten Hüften herum nach hinten hinweg zum Po sein Unterhemd in die richtige Position innerhalb der Unterhose zu bringen. Ganz toll. Bei George Clooney hätte ich vielleicht noch etwas davon gehabt, aber hier? Sexuelle Avancen? Bei Herrn Dr. Stanz ausgeschlossen. Im Gegenteil, pure Ignoranz. Auch dann noch, wenn ich diesem Schauspiel beharrlich mit den Augen folgte, wenn er schon längst mit mir sprach und wenn ich mit ausgeprägter Mimik meine Fassungslosigkeit kundzutun versuchte.

Es gibt Chefs, die ihre Zigaretten im Waschbecken ausdrücken und darin liegen lassen (ja, es gibt noch Vorzimmer mit Waschbecken!). Und es gibt Vorstände, die im Moment extremer Unterzuckerung eine Hand voll Schokoladenkekse auf einmal in den Mund nehmen und dann noch meinen, sie müssten der Sekretärin gleichzeitig einen Dreizeiler diktieren. Ich habe dann immer demonstrativ gesagt: »Entschuldigung, ich verstehe Sie rein phonetisch nicht ganz«, bis der Proband in die Körpersprache überging, statt einfach den Mund leer zu machen. Wie bei den Montagsmalern. Solche Chefs erkennen nicht, wenn im Mund kein Platz mehr ist für Worte.

Meine Kollegin Mildred saß abends vor ihrem Wein und war völlig aufgebracht und ratlos: »Ich habe da ein echtes Problem mit meinem Chef. Es ist ekelhaft.«

»Was denn?« Ich ahnte Schlimmes.

»So etwas kann ich nur dir erzählen. Es liegt überall auf seinem Schreibtisch und darunter.«

»Von was, um Gottes willen, redest du denn?« Ich wusste schon längst, worauf sie hinauswollte. Aber sie sollte es auch formulieren. Das hilft immer über den Schock hinweg und hat sich bei allen Traumapatienten bewährt.

»Na, du weißt es doch selbst. Er hat Schuppen. Und er kratzt sich unentwegt und rauft sich die Haare, wenn er angespannt ist. Und ich sitze ihm gegenüber und kann mich auf rein gar nichts mehr konzentrieren. Es rieselt an ihm herunter, bis hin zu meinem Stenoblock.«

Sie fasste sich an den Hals und schüttelte mit dem Kopf. »Was soll ich bloß tun? Er merkt es selbst gar nicht. Er tut so, als sei ich Luft, und macht einfach weiter.«

Das Sprechen kostete sie offensichtlich Überwindung: »Neulich hielt er etwas zwischen den Fingern und hat das ganze Diktat über darauf gekaut. Ich konnte ihn kaum verstehen und hielt es zunächst für eine Büroklammer. Das wäre schon schlimm genug. Bis ich feststellte, dass es ein Fingernagel war.«

Mildred musste jetzt etwas trinken. Ich fasste inzwischen zusammen: »Du meinst, er produziert in deiner Anwesenheit, na sagen wir, ›Körpermüll‹?«

»Ja, nicht nur das. Ich will das jetzt wirklich nicht vertiefen. Du weißt, was er für Angewohnheiten hat. Es ist alles so unappetitlich. Aber ich kann ihm das doch nicht sagen. So etwas Intimes.«

Da hatte sie Recht, andererseits war die Umgebung eben nicht intim und das Verhältnis der beiden schon gar nicht. Ein ganz schwieriger Fall. Ich war ebenfalls ratlos: »Sag doch einfach beim nächsten Mal ›Sie haben da etwas‹. Du weißt schon, wie bei Loriot mit der Nudel.«

»Ach, das habe ich alles schon versucht. Es nützt nichts. Er lässt sich gehen. Und er macht es nur bei mir. Das ist so unfair. Er tut so, als sei er allein im Büro, es scheint ihm zumindest gar nicht bewusst zu sein, dass ich ihm gegenübersitze und mir das alles angucken muss. Danach klopft er sich ab, wischt mit dem Handrücken über den Schreibtisch, und niemand merkt etwas. Kein gutes Vorbild. Gar kein gutes Vorbild.«

Wenn sich Mildred wiederholte, war das kein gutes Zeichen. Gar kein gutes Zeichen.

»Hast Du schon einmal versucht, seine Frau darauf anzusprechen?« Ich weiß, dass die wenigsten Sekretärinnen diesen Mut aufbringen, und ich glaubte in diesem Fall auch nicht wirklich daran, dass Mildred ein klärendes Wort von Frau zu Frau wagen würde.

Sie schaute mich entgeistert an und tippte sich mit dem Finger an die Stirn: »Um Himmels willen, du bist doch sonst nicht so naiv. Das ist so, als würde ich an der Falltür zur Festung kratzen. Die lässt auf ihren Prinzen und Thronfolger doch nichts kommen. Vergiss es.«

Wir verständigten uns darauf, dass sie ihm bei der nächsten Reise ein starkes Antischuppen-Shampoo in den Koffer schmuggeln würde, ohne Worte. Um sie aufzumuntern, empfahl ich ihr für den Rest eine Nierenschale aus dem HNO-Bereich, die sie ihm beim nächsten »Eingriff« demonstrativ unter die Nase halten konnte.

Solche Szenen sind vielleicht menschlich, aber dennoch unschön. Sie kommen glücklicherweise seltener vor, oder? Man muss sie sich trotzdem bewusst machen, zumindest wenn sie in der Öffentlichkeit passieren. Und das Büro samt Sekretärin zähle ich in diesem Fall dazu.

Wenn man solche Situationen dann schildert, glaubt einem das kein Mensch. Man selbst hofft mitunter, dass in den Momenten höchster Anspannung ein fröhliches »Klappe« aus dem Hintergrund ertönt und Felix & Paola die versteckte Kamera zurückfahren.

Und würde die Gattin des Chefs in solchen Situationen endgültig die Eheschließung mit diesem Herrn bereuen, ihn verleugnen? Oder fällt ihr so etwas schon gar nicht mehr auf? Vielleicht bietet sie ihm zu Hause auch einfach nur kein Ventil, und er muss seine Rolle auch in den heimischen vier Wänden weiterspielen?

Der Wirtschaftslenker und Ehemann – Rollenzwang

Hier kam mir zum ersten Mal der Gedanke eines Home-Movies für Ehefrauen. »Ihr Held im richtigen Leben«. Wissen die eigentlich, was ihre Männer tagsüber machen und was sie nicht machen?

Das fängt schon morgens an. Ich habe Chefs kennen gelernt, die ihre Tageszeitung nicht mit ins Büro nahmen, um daheim sagen zu können »Für Lektüre habe ich tagsüber keine Zeit. Ich bekomme den Pressespiegel aus der PR-Abteilung.« Und in der Kaffeeküche habe ich sie dann mit dem bunten Blättchen des Bereichsleiters erwischt.

Die wirklichen Big shots nahmen sich morgens 15 Minuten Zeit zur Lektüre der Wirtschaftsnachrichten, weil sie a) mitunter selbst drinstanden oder b) diese Infos tagsüber ganz einfach brauchten. Was ist daran so schlimm, gerade in dieser Position morgens erst einmal nichts als eine Zeitung vor sich liegen zu haben, weil der Rest im Kopf ist? Definiert man Führungsstärke mit Zeitknappheit, vollen Schreibtischen und überquellenden Terminkalendern ab 07.30 Uhr morgens? Möchten die Chefs wirklich hysterische Sekretärinnen, die bereits um 08.30

Uhr mit vollgekritzelten Zetteln hinter ihnen her laufen, wenn sie noch nicht einmal den Mantel ausgezogen haben?

Viele Chefs spielen die Rolle des souveränen, erfolgsverwöhnten Top-Entscheiders mit extremer Zeitnot zu Hause vor Frau und Kindern weiter. Das tun sie entweder unbewusst oder sie müssen es. Einen anderen Grund kann ich mir nicht vorstellen. Vielleicht flüchten manche von ihnen morgens regelrecht in das Refugium ihres Sekretariats, mit einer Frau darin, von der sie erst einmal eine Tasse heißen Kaffee bekommen, die nicht Fragen stellt, sondern Antworten liefert, und die sie nimmt, wie sie sind. Hier müssen sie sich nicht verstellen.

Das weiß ich spätestens, wenn die Gattin sich um 13.00 Uhr telefonisch mit »Guten Morgen!« meldet und gleich betont: »Kann ich meinen Mann heute überhaupt zu fassen kriegen? Habe ich eine Chance? Ich dachte, in der Mittagszeit ergibt sich am ehesten ein kleines Zeitfenster. Er muss ja auch was essen. Man blickt ja gar nicht mehr durch bei all diesen Terminen und Reisen.«

Sie kann nicht ahnen, dass ihr Gatte seit einer halben Stunde mit einem Kollegen auf dem Flur steht und sich über die besten Restaurants und Bars in Mailand austauscht.

Aber zugegeben, ich habe auch für Chefs gearbeitet, die sich halbstündlich verplanen ließen und im Schnitt zwölf Meetings am Tag hatten. Und wer kommt als Chef schon pünktlich zu einem Meeting? Warten lassen steigert den Reiz und ist Gradmesser für die Wichtigkeit einer Person. Auch bei Besuchen externer Gäste, die man irgendwie in der engen Terminplanung des Tages unterbringen muss. Jede Sekretärin kennt das Spiel:

»Abholen oder kommen lassen?«

»Pünktlich sein oder warten lassen?«

»Wenn warten lassen, dann wie lange?«

»Wenn lange, dann mit Kaffee mit Keksen oder mit Kaffee ohne Kekse?«

»Sich von der Sekretärin unter Vorwand herausholen lassen?«

»Wenn ja, wann?«

Ganz arme Gesprächspartner bekommen nur ein Glas Wasser und statt eines Gesprächs einen Ersatztermin in drei Wochen. Die wichtigen dagegen einen doppelten Espresso und ganz zum Schluss einen kleinen Cognac, auch heute noch.

Mit einer durchschnittlichen Verspätung von jeweils zehn Minuten ergeben sich dann über den Tag knapp zwei Stunden Zeitverschiebung. Da kommt der Chef dann aus dem Meeting und fragt um 18.00 Uhr seine Sekretärin nach seinem nächsten Termin. Die sagt dann einfach: »Um 16.00 Uhr.« Zeit kann so relativ werden. Und Ehefrauen, die öfter als zweimal am Tag anrufen, haben da tatsächlich keine Chance.

Hat irgendjemand eine Vorstellung davon, was es bedeutet, ständig mehr oder weniger wichtige Leute zu vertrösten, Termine komplett neu zu arrangieren und bei verpasstem Flug mal schnell statt Reise dann eben innerhalb einer Stunde eine Telefonkonferenz über den Atlantik mit acht Teilnehmern aus sechs Ländern zu organisieren? Das ist ein tagesfüllendes Programm. Und abends geht die Sekretärin dann erschöpft nach Hause und fragt sich, was sie eigentlich den ganzen Tag gemacht hat. Sie fällt dann todmüde ins Bett – oder sie setzt drei Dutzend Efeupflanzen im Garten, um anschließend mit Bohr- und Schleifmaschine den Geräteschuppen zu bearbeiten. Und das alles nur, weil irgendein CEO kein Zeitgefühl hat.

Zeit haben ist ein Makel. Auch im Urlaub. Wir alle kennen die Ausstattung unserer Chefs, wenn sie im Urlaub mit Sandeimerchen in der rechten und Sprössling an der linken Hand zum Strand wandern, um dann dort angekommen doch sogleich Handy und Palm Pilot aus der Tasche zu holen. Für die Frau heißt das: »Oh Gott, er hat einen Anruf bekommen. Um diese Uhrzeit. Das muss furchtbar dringend sein. Der Arme. Ohne ihn scheint in der Firma nichts zu laufen.«

Für mich im Sekretariat am anderen Ende der Leitung hört sich das dann eher wie folgt an:

»Frau Münk, guten Morgen. Wir sind jetzt gerade am Strand, und ich weiß nicht, ob die Verbindung hier überall so gut ist wie jetzt gerade. Und die Kinder gönnen einem ja keine Ruhe, wenn sie aus dem Wasser kommen. Sie wissen schon. Ich wollte nur einmal horchen, was es so Neues gibt.«

»Bisher alles okay. Seit unserem letzten Telefonat, bevor Sie heute frühstücken gegangen sind, keine besonderen Vorkommnisse. Wir haben alles im Griff. Gönnen Sie sich ruhig eine kleine Auszeit.« Die wollte ich mir auch von ihm gönnen, was mir offensichtlich nicht gelang.

»Denken Sie an mein Visum für die Reise mit Eckschröter?«

Ich liebe Fragen, die mit »Denken Sie« anfangen: »Das tue ich. Aber das hat sicher noch Zeit, bis Sie samt Reisepass aus dem Urlaub zurück sind.«

»Ach ja, ich weiß. Aber man macht sich ja immer so seine Gedanken. Schön, ich denke, Sie koordinieren das alles schon hervorragend. Und rufen Sie mich ruhig an, wenn die Hütte brennt. Wollen Sie hören, wie schön hier das Meer rauscht, ja? Ich gehe jetzt mal in die Brandung. Wäre auch mal was für unsere Telefon-Warteschleife in der Firma.« Sagt's und hält sein Handy Richtung Horizont an die Wellen. Seine Gattin weiter hinten am Strand muss in diesem Augenblick gedacht haben: »Ach Gott, der Arme. Ist die Funkverbindung denn so schlecht?«

Ich versuchte das Bild, das sich jetzt vor meinem geistigen Auge aufbaute, zu verdrängen: mein Chef in Badehose samt Handy am ausgestreckten Arm und mit den Füßen in der Brandung, gegen die er gerade anschrie.

»Bezaubernd. Was haben Sie es gut, es sei Ihnen gegönnt!«, schrie ich in die Leitung zurück – Standardantwort mit glaubhafter Maximalbetonung jedes einzelnen Wortes. Ich wollte wieder zurück zum Tagesgeschäft und zu den Ablagebergen, deren Abarbeitung ich mir für die Abwesenheit des Herrn in der Brandung vorgenommen hatte.

Hier handelt es sich um einen an sich ganz normalen und sehr liebenswürdigen Chef aus meiner Vergangenheit, der die deutsche Wirtschaftswelt in keinster Weise wirklich beeinflusst haben dürfte und mir nicht in einschneidender Erinnerung geblieben ist. Aber das mit dem Meeresrauschen hatte was. Ich würde ihn unter Cheftyp »Wellen-Macher« einordnen.

Es gibt aber auch den echten Wellenbrecher, den Operativen, der sich noch Gedanken darüber macht, »wie wir Deutschland nach vorne bringen«. Bei der Erfüllung dieser Mission trennt er Berufs- und Privatleben schon lange nicht mehr. Eine Grundhaltung, die mit den Banalitäten des Alltags nichts mehr gemein hat. Er würde am liebsten in die Politik gehen. Aber dort bietet die Konkurrenz keine echte Benchmark, und man verdient so schlecht. Eine gute Freundin von mir ist mit so einem seltenen Exemplar verheiratet. Wenn ich bei den beiden anrufe und sie ihn fragt, ob er mich auch noch sprechen möchte, kann es vorkommen, dass er – in Jogginghose auf dem Weg von der Küche ins Arbeitszimmer – geistesabwesend und völlig unironisch zu ihr sagt: »Ja, stellen Sie durch!« Sie muss damit leben, dass ihr Mann seinen Job auch zu Hause weiterlebt und sein Leben nicht ihr, sondern der deutschen Wirtschaft widmet.

Über die Jahre lernte ich nur zwei richtige Choleriker kennen. Die waren allerdings wirklich therapiebedürftig. Auf diese beiden gehe ich später unter »Wahnsinn« ein. Alle anderen Fälle konnte ich problemlos unter dem Motto »Wir ärgern uns doch alle mal« emotional aufarbeiten.

Vorstandsetagen sind Trainingslager. Man sollte als Sekretärin keine allzu großen ethischen Ansprüche an die Chefs stellen, die so vollends unter Druck stehen, dass der Rest an authentischer Menschlichkeit in homöopathischen Dosen allenfalls noch der Familie zugute kommt.

Als Herr Dr. Stanz ging, war mir fast ein wenig wehmütig ums Herz. Bei jedem Abschied zeigt sich bei mir ein Hang zur Melancholie, gepaart mit dem Bewusstsein, dass jeder von uns tief im Innern auch seine guten Seiten hat. Das ständige Sich-aneinander-Reiben mit ihm hatte im Kern auch etwas Konstruktives gehabt. Er hatte mir zumindest meine Freiräume gelassen, war nicht ernsthaft psychisch krank, cholerisch oder fachlich unfähig gewesen. Nur etwas gewöhnungsbedürftig.

Vergessen die Hitparade der mir zugedachten geschmacklosesten Geschenke, die er selbst einmal bekommen hatte, leicht verstaubt in Originalverpackung mit Widmungen mir unbekannter Menschen. Zu Weihnachten ein Kerzenleuchter, für den man eine Waffenlizenz gebraucht hätte. »Eine kleine Aufmerksamkeit von mir und meiner Frau.« Solche Gegenstände gaben Anlass zur Vermutung, dass es sich hier um kein Geschenk, sondern um einen Entsorgungsauftrag handelte, der zufällig mit einem Feiertag zusammenfiel. Zu Ostern im ersten Jahr der Zusammenarbeit spontane Freude über sein dickes für mich mitgebrachtes Osterei. Und wie groß war dann die Enttäuschung, als ich es abends auspackte und feststellte, dass das Verfallsdatum schon vor eineinhalb Jahren abgelaufen war. Na ja, andere Sekretärinnen bekommen gar keine Eier von ihren Chefs, zumindest nicht aus Schokolade.

Vergessen waren auch die aufmunternden Kommentare vom scheidenden Dr. Stanz wie »Erst machen, dann denken!«. Oder das geschickt versteckte Lob für Engagement in Form von »Nun hauen Sie aber mal nicht so auf die Sahne!«. Wundervoll. Eine Ära ging zu Ende. Fels in der Brandung. Wenn er eins war, dann authentisch, westfälisch, kalkulierbar bis hin zu den verstaubten Ostereiern. Mit ihm erlebte man keine wirklichen Überraschungen, wenn man ihn richtig kannte. Das hatte auch seine Vorteile. Was dann kam, war das glatte Gegenteil.

Der Vollstrecker – Golgota

Hier sind wir beim Typen »Panik« – alles selber machen, alles schriftlich machen, alles kontrollieren, lieber zu viele Kopien als zu wenig, und vor allem: schnell. Dynamik statt Überlegen. Aktion statt Strategie. Wie der Tiger im Käfig, allzeit zum Sprung bereit, warum und wohin auch immer. Hauptsache springen.

Herr Tulny, der Nachfolger von Herrn Dr. Stanz, wollte die Welt verändern, schnell und »sehr global«. Und schickte dennoch über meinen Tisch jeden Presseartikel über sich an den Vater und in Kopie an die Ehefrau daheim. Ich könnte schwören, er hatte einen Schuhkarton mit Zeitungsartikeln zu Hause unterm Bett.

Jeder Vorsitzende von heimischen Kaninchenzüchter-Vereinen kennt dieses Gefühl, wenn man die Freude über erbrachte Leistungen schwarz auf weiß mit denjenigen teilen kann, die einem am Herzen liegen.

»Bringen Sie da doch mal Ordnung rein, und lesen Sie ruhig alles durch.« Dieser Satz klang mir in den Ohren, als ich mich an die Aktualisierung der Hängeregistratur im Büro meines neuen Chefs machte. Berge von handgeschriebenen Besprechungsnotizen, die jeden Protokollführer des Bundestages nachhaltig beeindruckt hätten. »Wie viele Tintenpatronen braucht dieser Mensch täglich? Kann er noch zuhören und denken, wenn er so viel schreibt?« Wie würde sich dann angesichts dieser Papierflut die Ablage in der nächsten Zeit gestalten?

»Wer schreibt bleibt«, dachte ich mir gerade, als mir aus der Akte »Strategisches« die ersten Galgen in die Hände fielen. Fein säuberlich aufgemalt, mit kleinen Männchen, die daran hingen, darunter tatsächlich die namentliche Kennzeichnung der Delinquenten – ein modernes Golgota. Dies waren allesamt Vorstandskollegen, die da am Strick hingen wie Keith-Haring-Männchen, mit Pfeilen zu Stichwörtern über Führungsverhalten, Stärken, Schwachstellen.

Ich ließ mich in den weich gepolsterten Chefsessel fallen. Schwindel, Übelkeit.

Was überwog eigentlich in meinem Gefühlschaos: Empörung über dieses kaltblütige Personalszenario oder Kopfschütteln über die Naivität, solche Papiere überhaupt zu malen und sie dann auch noch im Büro abzulegen. Hier war er, Typ »Ich will nach oben, egal wie, nur schnell«. Wahrscheinlich hatte der Vater gefragt, warum auf den nach Hause geschickten Fotos noch so viele andere Männer mit abgebildet seien.

Morgen sollte ich ihn einfach umbringen. Und anschließend aufhängen. Wie eines seiner Strichmännchen. Getarnt als Selbstmord. Doppelt sicher, wie es seine Art war. Damit hätte ich nicht nur mein eigenes stilles Leiden beendet, sondern auch dem Allgemeinwohl gedient. Und das würde mir die letzten Gewissensbisse nehmen.

Wie oft mag sich eine stark strapazierte Sekretärin in ihren dunkelsten Momenten ein vergleichbares Mord-Szenario vorstellen, aus welchen Gründen auch immer? Wohin auch sonst mit der unterdrückten Wut, die sich oft über Jahre in ihr aufgestaut hat und die manchmal in den banalsten Situationen hochkommt. Könnten wir, wenn es darauf ankommt, genauso eiskalt sein, wie viele unserer Chefs es uns im Business vorleben? Unser Organisationstalent, unsere Schnelligkeit und unsere Diskretion auch einmal anders nutzen? Und mit ganz anderen Konsequenzen?

Ich habe Herrn Tulny dann doch nicht umgebracht. Er wird irgendwann durch die Hand einer anderen Sekretärin sterben, vermute ich.

Am Abend dieses Tages habe ich eine halbe Stunde unter der Dusche verbracht. Ich kam mir vor wie Lady Macbeth, die nach dem Mordkomplott vergeblich versucht, sich die scheinbar blutbefleckten Hände zu säubern. Und ich bin sicherlich nicht die einzige Sekretärin, die aus denselben Gründen nach so manchen Tagen erst einmal auf die reinigende Kraft des Wassers setzt.

Ich war zur Komplizin von Tulny geworden. Niemand würde mir ernsthaft glauben, wenn ich das erzählen würde. So etwas durfte ich ganz einfach niemandem erzählen. Und was ist schon strafbar daran, gedankenverloren ein paar Strichmännchen aufs Papier zu kritzeln und ein paar Szenarien durchzuspielen? Ich hatte nichts in der Hand.

Bei den Phantasie-Szenarien ist es nicht geblieben. Die Skizzen von Herrn Tulny verschwanden erst, als zwei Monate danach der Vorstand neu zusammengestellt wurde, mit einem Chef Herrn Tulny als CEO – und zwei Vorstandskollegen weniger. Ich habe ein halbes Jahr später gekündigt. Aus ethischen Gründen. Die Alternative zur Erschießung. Purer Luxus eigentlich. Aber Sekretärinnen wird ja nachgesagt, dass sie bei jeder Gelegenheit in den Spiegel gucken, und das wollte ich weiterhin ungetrübt tun.

Genau hier liegt für eine Sekretärin oft der heikle Punkt. Wie viel Unmoral verträgt man? Verschiebt sich unmerklich das eigene Gefühl für Anstand in die Grauzone zwischen Unwissenheit und Loyalität? Wie kommt man über den Punkt hinweg, an dem man die Schlüsselqualifikation »Verschwiegenheit« nur ein einziges Mal vergessen und die Ungerechtigkeit in die Welt hinaus rufen möchte? Zur Not kommt es dann eben doch nur zur inneren oder tatsächlichen Kündigung oder zur Heirat und zum Kinderkriegen.

Oder man greift zwecks kurzfristiger Überbrückung akuter Krisen und Wahrung der Diskretion zu kleinen Hilfsmaßnahmen: Auf dem Vorstandsflur von Herrn Tulny und seinen Kollegen kursierte lange Zeit unter der Hand ein kleiner handlicher Spielzeugrevolver, den wir Sekretärinnen untereinander austauschten, wenn es eine von uns wieder einmal nötig hatte, akut aufgestaute Aggressionen umzulenken. Dieser bedeutete »Wir denken an dich und verstehen, wenn du heute miese Laune hast. Du kannst ihn immer noch umbringen«. Irgendwann hatte sich das auch bei unseren jeweiligen Chefs herumgesprochen. Beim Anblick des Revolvers war für sie alles klar: »Potenzielle Erschießungsgefahr. Heute in Ruhe lassen. Sie hat ihre Tage.« Ob einige von uns tatsächlich für den Ernstfall noch größere Kaliber in der Schreibtischschublade versteckt hielten, wagte man lieber nicht sich vorzustellen.

Jedenfalls fand meine Nachfolgerin ein gut geführtes, nach allen Regeln des modernen Feng Shui ausgestattetes, aufgeräumtes, freundliches Büro vor. Mit Herrn Tulny musste sie allerdings selbst klarkommen. Ich weiß heute nur, dass er noch lebt. Er hat vielleicht höchstens ein paar Schusswunden.

Das Club-Mitglied

Lustiger als mit den von Ehrgeiz zerfressenen Skizzenmalern ist es mit den bunten Faltern, die nicht schreiben, sondern reden. Sie bauen auf Networking und bedienen sich dazu eines starken Kommunikationsstabs hinter sich.

Ein guter PR-Mann im Unternehmen liefert der Chefetage die heißen Drähte zur Deutschland AG, die sich in den Aufsichtsräten, Opern- und Ferienhäusern, auf den Skipisten dieser

Republik regelmäßig sieht. Er schickt seinen Schützling auf die Reise in die Medien-, Kultur-, Verbands- und Alumni-Welt. Oder in die richtig weite Welt, mit dem Kanzler in der Wirtschaftsdelegation.

Ja, die Alumnis. Sie haben den blauen Zweireiher mit den Goldknöpfen abgelegt und sich unter die Masse gemischt, cool und modern. Aber einmal einer, immer einer. Das gilt auch heute noch und ist eine elegante, schonendere Alternative zum »Schmiss« im Gesicht aus der Zeit von herumpöbelnden Studentenverbindungen. Die sind zwar klassisch, aber inzwischen uncool und zu auffällig. Seitdem die Schönheitsindustrie auch den Top-Manager entdeckt hat, kommen Narben im Gesicht nicht mehr so gut.

Bei der zunehmenden Internationalisierung des Geschäfts bleiben ja viele Kontakte auf der Strecke, nämlich zwischen Frankfurt, Moskau, Peking und Singapur. Da helfen Alumni-Veranstaltungen – wie letztens ein Cocktailempfang in der Krypta von St.-Paul's-Cathedral –, um wieder zueinander zu finden und Visitenkarten auszutauschen.

Haben CEOs, die sich manchmal beim Verlassen des Flugzeugs fragen müssen, in welcher Stadt sie jetzt eigentlich gerade gelandet sind, auf ihren 3-Wetter-Taft-Touren um die Welt wirklich noch Zeit und Lust, auch noch solche Veranstaltungen mitzunehmen? Wo sie doch endlich mal wieder einfach nur am heimischen Küchentisch sitzen oder zumindest im eigenen Bett liegen können? Doch, sie haben Zeit und Lust. Die Namenslisten der Alumnis werden hoch gehandelt und liegen jedem CEO ganz persönlich am Herzen: »Frau Münk, wenn einer dieser Herren anruft, können Sie ihn immer sofort durchstellen.« Wer keine Freunde hat, macht sich welche.

Networker müssen in die Welt hinaus. Ich weiß inzwischen auswendig, wie man die ultimativ top gestylte Reise nach Bayreuth, Salzburg oder Davos hinlegt. Ich kenne alle Golfplätze dieser Welt, alle drei Nachtclubs in St. Moritz inklusive V-Mann und die besten Makler auf Mallorca. Dort trifft man sich witzigerweise rein zufällig und daher völlig zwanglos.

Man fragt sich nur, warum die Teilnehmer von all diesen »zwanglosen Get-Togethers« und »Dinner Talks« bereits nach zehn Minuten Schweißflecken unter den Achselhöhlen haben.

Networking ist in jedem Job wichtig, das sehe ich ein. Und wenn es die Wirtschaftslenker und Vordenker der Nation tun, kann daran nichts völlig falsch sein. Wie kommen wir sonst morgens in der U-Bahn zu den bunten Presseartikeln? Ist das nicht auch letztendlich konjunkturfördernd? Also okay.

Richtig schlimm ist nur der Typ »Sparkassenvorstand«, der in der Rennsportabteilung eines großen deutschen Automobilkonzerns anrufen lässt, weil er meint, er müsse sich bereit erklären, ohne Gage die VIP-Lounge beim nächsten Formel-1-Rennen zu schmücken und somit ein Stückchen Hautevolee in die Boxengasse zu bringen:

»Frau Münk, ich denke, die Bank sollte einmal vor Ort checken, wie das mit dem Sponsoring im großen Stil so aussieht, ein schönes Lehrstück für uns. Die paar Kunstausstellungen im Foyer entsprechen ja nicht wirklich unseren Kapazitäten im Bereich Corporate Communication. Da kann man doch mehr draus machen. Ich sollte mir das einmal vor Ort erklären lassen. Schließlich muss ich so etwas ja irgendwann auch mal finanziell abnicken. Da nützt das ganze Delegieren an andere nichts. Da muss ich selbst hin.« Er befeuerte mich mit Argumenten, die zwingend vorschrieben, jetzt und gleich in besagter Rennsportabteilung anzurufen.

Wenn man dann bei solchen Telefonaten den Namen und die Funktion des Chefs zweimal wiederholen und per Pilotenalphabet buchstabieren muss, ist das schon peinlich genug. Was für ein Gestrampel.

Aber wie langweilig wäre die Wirtschaftswelt ohne die Typen und Mischtypen, die bunten Falter, wegen denen sich ganze Generationen von entnervten Sekretärinnen verbinden. Alles hat deshalb wohl auch sein Gutes.

Der Scheinheilige

Unvergessen das Telefonat aus der Zeit vor meiner Kündigung bei Herrn Tulny. Es brachte meine mithörende Kollegin zum zweiten Mal unter den Schreibtisch – sich vor Lachen krümmend und kurz vorm Biss in die Schreibtischkante.

Aufgabe: Mietwagenbeschaffung in Südfrankreich.

Gewünschte Kategorie: Mercedes SLK Cabrio.

Farbe: Männlich (??)

Dauer: Eine Woche.

Preis: Fast umsonst, aber nicht geschenkt.

Grund: Eine »Wir-beiden-Männer-mal-ganz-allein-Auszeit« mit dem Sohn. (Mein Mann zeltet unter diesem Motto mit seinem Sprössling in der Obstwiese hinter unserem Haus. Egal.)

Leider war Herrn Tulny mein erstes Holiday-all-inclusive-Angebot über die nette Dame unter der VIP-Service-Nummer eines namhaften deutschen Autovermieters nicht preiswert genug. Neue Mission: »Rufen Sie doch im Büro von Frau S. an. Die kennt mich.«

Ich schaute ihn an wie ein Mietauto: »Meinen Sie wirklich über Frau S. direkt?« Zugegebenermaßen eine stupide Wiederholung des Auftrags in Frageform. Aber bei Frau S. handelte es sich um die Vorstandsvorsitzende des besagten großen Autovermieters.

Am Telefon meldet sich das »Vorzimmer«. Einer jener Fälle, in denen vier Wände sprechen können und anonyme weibliche Stimmen haben.

»Guten Tag, mein Name ist Münk. Ich bin die Assistentin von Herrn Tulny. Wir haben da eine kleine Bitte, bei der Sie uns vielleicht weiterhelfen können.«

»Und die wäre?«

»Wir möchten gern ein Auto mieten.«

»Ein Auto?«

»Sie vermieten doch Autos?«

»Nicht direkt, Sie sind hier im Vorzimmer von Frau S., wenn ich das wiederholen darf.«

»Dessen bin ich mir natürlich bewusst. Entschuldigen Sie die Störung. Herr Tulny hätte Frau S. selbstverständlich gern selbst angerufen, denn die beiden kennen sich persönlich. Aber er ist gerade im Meeting.«

In solchen Momenten möchte man einfach nur noch auflegen und im Erdboden versinken.

Pause. Hörbares Verdrehen der Augen am anderen Ende der Leitung: »Ich muss das kurz abchecken. Wann, welcher Wagentyp, wie lange?«

Der Ton wurde schärfer. Wer konnte es ihr verübeln?

20 Sekunden später bekam ich die Bestätigung nebst Reservierungsnummer.

In diesem Moment kam unser Held an meinen Schreibtisch und raunte über meine Schulter hinweg in Richtung Sprechmuschel: »Psssst, wie teuer???«

Mein Gott, wusste dieser Mensch nicht, dass man diese Frage nicht stellt, wenn man dort anruft, wo wir gerade anriefen???

Schon wanderte der Hörer von meiner Hand in seine: »Können Sie mir sagen, was ich Ihnen für diese außerordentlich nette Unterstützung schulde?«

Ratlosigkeit am anderen Ende der Leitung.

»Ich meine, das Auto hat doch eine Kategorie. Die hat doch einen Preis, oder wie?«

»Umsonst?? Warum ich bei Ihnen und nicht in der Reservierungszentrale angerufen habe? Nein, um Himmels willen. Ich bestehe auf Bezahlung. Es handelt sich doch um eine private Urlaubsbuchung. Das geht doch nicht.«

»Warum ich jetzt nicht glücklich bin?? Aber wenn Sie darauf bestehen, mir das Auto gratis zur Verfügung zu stellen, nehme ich das Angebot natürlich dankend an. Und grüßen Sie doch bitte Frau S. von mir.«

Anschließend durfte ich im Büro des Aufsichtsratsvorsitzenden anrufen, um diesem mitzuteilen, dass Herr Tulny sich leider gezwungen sah, einen Mietwagen für eine private Urlaubsreise gratis von Frau S. anzunehmen. Nur für den Fall, dass dies anderweitig an ihn herangetragen würde.

Arbeitszeit für diesen Auftrag: knapp eine Stunde, zuzüglich emotionale Verarbeitung. Möge die Piste in Südfrankreich kurvenreich und steil sein …

Kommen Sie mir bloß nicht mit Ethik

Ethik (von griech. Ethos – Gewohnheit, Sitte, Brauch, Charakter) befasst sich mit dem menschlichen Handeln unter Berücksichtigung der individuellen Freiheit sowie der Bestimmung von Gut und Böse anhand der Grundlagen menschlicher Werte und Normen, des Sittlichen und der allgemeinen Moral. Soweit das Lexikon.

Um das etwas griffiger zu machen, spricht man heute unternehmerisch von »Corporate Governance« oder dem »Code of Conduct«. Diese Regeln des Handelns und Miteinander-Umgehens findet man mittlerweile bei jedem größeren Unternehmen in handlichen Häppchen auf kleine Leaflets gedruckt, die man im Ernstfall gleich mit der Visitenkarte überreichen kann: So heiße ich und so bin ich beziehungsweise so soll ich sein.

»Bei allem was wir tun, stehen der Mensch und das Allgemeinwohl im Mittelpunkt.«

Das gilt nicht im Vorzimmer. Dort steht nicht so angenehm allgemein der Mensch, sondern ganz konkret der Chef und sein individuelles Wohl im Mittelpunkt – in der Hoffnung, dass dann unter dem Strich indirekt auch die Allgemeinheit etwas davon hat. Hier stoßen die besten Sekretärinnenvorsätze für das Wohl der Gemeinschaft und des Unternehmens erst einmal schnell an ihre Grenzen. Ich habe Chefs erlebt, bei denen ich abends das Bedürfnis hatte, ehrenamtlich bei einer Suppenküche anzuheuern, um meinem Tag noch etwas Sinnhaftes zu geben.

In keiner Schreibtischschublade des mittleren Managements fehlt der sogenannte Code of Conduct schwarz auf weiß, wenn er sich auch in der hintersten Ecke befindet. Zwei Etagen höher haben die Jungs mitunter andere Dinge in der Schublade (Golfbälle, Schweizer Taschenmesser, Aspirin, Mundspray, Glanzfix für die Schuhe, Nagelfeile, abgepackte Erfrischungstücher diverser Airlines, After Shave, Notfallkrawatte, ein Edding-Marker fürs Wichtige, ein Rotstift für Fehler).

Einige von ihnen standen nicht auf der Verteilerliste der Ethikrichtlinie. Sie kennen sie nicht, weil sie im Zweifel nicht daran mitgearbeitet haben. Und wer besucht schon die eigene Website? Wer hat schon Zeit für die Arbeit an einer besseren Welt?

Man muss ja als Manager nicht gleich ein »Seitenwechsler-Programm« belegen und für einige Tage den Chefsessel mit der Bettkante im Altersheim tauschen, wo man alten Frauen die Haare föhnt. Oft reicht es ja schon, Dinge ganz einfach *nicht* zu tun. Allein das kann schon ein hohes Ziel sein.

Die Realität ist eine andere: Aus der Sicht der Top-Etagen gehört das Wort »Spesen« in die kleingeistige Welt der Großraumbüros weiter unten, mit den Postkarten an der Trennwand und dem Ficus auf der Fensterbank. Sollen die doch sehen, wie man das alles verrechnet. Hier werden auch schon mal die privaten Bargeldvorschüsse aus der Firmenkasse für den Chef gebucht, der weder Zeit für den Gang zum Automaten hat noch die Geheimnummer seiner EC-Karte weiß. Ihm ist kein Weg zu nah. Hier werden die übers Wochenende verlängerten Geschäftsreisen kommentarlos abgerechnet.

So mancher Chef sieht nur die Geldscheine und Buchungsbestätigungen, die ihm die Sekretärin pünktlich und diskret auf den Tisch legt. Das hat etwas völlig Selbstverständliches und daher auch Richtiges. Eine machtvolle Unterschrift legitimiert das in null Komma nichts. Die Arbeitsvorgänge dahinter sind nicht seine Welt – und auch nicht die Arbeitskraft der Mitarbeiter, die er damit auch außerhalb des Sekretariats bindet. Irgendwann zerbricht man sich als Sekretärin darüber nicht mehr den Kopf. Was es eigentlich bedeutet, wenn man den Chauffeur mit der kompletten privaten Weihnachtsgeschenke-Beschaffungsliste des Chefs in die City geschickt hat, wird einem unter rein ethischen Gesichtspunkten oft erst klar, wenn man darüber spätabends mit einem Glas Rotwein nach der Dusche berichtet. »Ach, wie bourgeois. Und ich unterstütze das auch noch«, denkt man sich dann.

Vielleicht muss es einfach auch nur eine Übersetzung des Leaflets für das Top-Management geben, ein Prime-Class-Kodex sozusagen. Denn wer nimmt schon Bleistifte mit nach Hause, wo man das komplette Catering des Herrenclubs über die Firma abrechnen kann? Wer braucht eine Richtlinie für die Nutzung des Internets am Arbeitsplatz, wenn man für den heimischen Familien-PC eine 24-Stunden Rufbereitschaft der Unternehmens-IT hat? So manche Sekretärin würde davon träumen, wenn sie die Organisation des Privatlebens ihres Chefs als angemeldete und separat bezahlte Nebentätigkeit anerkannt bekäme.

Aber wir beklagen uns nicht. Und es ist auch nicht so, dass sich die Chefs mit dem Thema Ethik nicht beschäftigen würden: »Frau Münk, ich erkläre Ihnen jetzt mal was. Ethik ist ein Marketing-Tool und betrifft das Unternehmen. Ich als Person bin da schon etwas außen vor. Ich soll den Aktienkurs klettern lassen, ich muss auf der Hauptversammlung meinen Kopf für 10 000 Mitarbeiter hinhalten, und mich fragt keiner, wie ich mich nach dem Firmenessen mit zwei Flaschen Rotwein, zwei Cognac und drei Whisky am nächsten Morgen fühle. Meine Entscheidungen muss ich alle allein treffen, da traut sich niemand ran. Ich bin ein einsamer Kämpfer. Mein Kopf ist woanders, nämlich ganz vorne. Ich ziehe den Karren. Kommen Sie mir also nicht mit Ethik.«

Es wird also schwierig bleiben mit der Moral, im Großen wie im Kleinen ...

2. Selbstbildnis – Von Vorzimmerdrachen und Burgfräuleins

Wähle einen Beruf, den du liebst, und du brauchst keine Stunde zu arbeiten. Sagt Konfuzius. Zu seiner Zeit gab es noch keine Sekretärinnen.

Nein, im Ernst, viele von uns lieben ihren Beruf, aber nur wenige Chefs wissen, wie viel Fighting spirit da in ihren Vorzimmern im Dornröschenschlaf vor sich hin schlummert. Es gibt eine Menge Feen, die viel für ihren Chef tun und mehr als nur drei Wünsche erfüllen möchten. Es gibt High potentials, die noch besser sein könnten als sie ohnehin schon sind. Und es gibt andererseits auch Sekretärinnen, die tatsächlich öfter ins Nagellackfläschchen gucken als in den Duden. Andere sind die reinsten Giftmischerinnen. Das mag überzogen sein, zeigt aber, dass auch die Zunft der Sekretärinnen ihre Exotinnen hat. Die Chefs müssen bei der Personalauswahl dementsprechend oft Roulette spielen. Manche kaufen sich die Wölfin im Schafspelz ein, andere ein sich kurzzeitig professionell gebendes Schäfchen. Unter uns sind echte Knaller, graue Mäuse, schwierige Exemplare, mutige Löwinnen, beinharte Drachen. Wir machen jede Menge Fehler. Nicht nur die Jungs im größeren Büro nebenan. Nur dass es bei uns eben »Fehler« heißt und nicht »So ist er eben«.

Die Verzweifelte

Macht und Verzweiflung liegen nah beieinander. Das Gefühlsleben einer Sekretärin kann ein Abgrund mit Tarnnetz darüber sein.

Vom Flur her war nur ein leises Schluchzen zu hören, als ich an den Damentoiletten vorbeiging.

Mein Mann sagt immer, dass ich stets ein unsichtbares Schwesternhäubchen mit einem dicken roten Kreuz darauf trage und er mich bei Langstreckenflügen immer in den Sitz zurückdrücken muss, wenn im Notfall gefragt wird, ob ein Arzt an Bord sei. Natürlich wollte ich auch jetzt nach dem Rechten sehen.

Ich fand meine Kollegin Angelika zusammengekauert am Heizkörper im Vorraum der Damentoiletten hockend mit zwei dicken Wimperntuscheflüssen über den Wangen. Ihr Fläschchen mit den Johanniskraut-Kapseln – ultimativer Tagesjoint so mancher Sekretärin – in der geballten kleinen Faust. Ein Bild zum »In-die-

Arme-nehmen-und-alles-wird-gut-sagen«, was ich dann auch tat.

Bei Angelika musste man nicht mehr nach dem Grund fragen. Man verstand einfach nur. Sie arbeitete für den Finanzvorstand, und was sie mit ihrem tyrannischen Chef verband war die typische Hassliebe.

Zwei Stunden vorher hatte eine der vielen, hochkarätig besetzten Präsentationen ihres Ressorts stattgefunden, und wir hatten über Angelika noch den Kopf geschüttelt. Muss man sich auf dem Weg zum Konferenzraum mit einem Laptop in der einen Hand, Verlängerungskabel um den Hals baumelnd, zwei schwere Aktentaschen in der anderen Hand ins Schlepptau der Vorstandsherren begeben, die locker und mit lediglich seelischer Last ausgestattet vorausgegangen waren? Eine Szene wie aus einer Karikatur von Claire Bretécher.

Haben Sekretärinnen etwa einen angeborenen Instinkt für Leid und Unterwerfung? Oder sind sie einfach nur dumm? Sie werden enttäuscht, empören sich, regen sich auf, bekommen keine Antwort, resignieren und verstummen irgendwann gänzlich. Und sie bitten auch nicht mehr um Hilfe. Wie kann man dem vorbeugen, sich von der Last befreien? Das fängt schon mit der Schlepperei an. Ich bewege keinen Gegenstand über zehn Kilogramm, ohne den nächstbesten Mann in der Nähe um Hilfe zu bitten, Vorstand hin oder her. Sie tun es alle gern: »Schaut her, ich bin stark und helfe, wo ich kann. Die Welt ist besser mit mir drin.« Warum soll man den Herren nicht diese kleine Freude machen und nebenbei die eigenen Bandscheiben schonen? Mein Orthopäde ist stolz auf mich, und an den Privatpatienten verdient er ja auch mehr.

Angelika war anders. Sie befand sich als Vorstandsassistentin »im Zentrum der Macht«, wie sie sagte. Hier konnte sie Hebel betätigen und bestimmen, wer zu welchem Thema wann mit ihrem Chef sprechen sollte oder eben nicht.

Leider stand bei der besagten Finanz-Präsentation dann die

geballte Macht ohne funktionierendes Mikrophon da, ohne Sprachrohr sozusagen. Angelika wurde noch vor Ort verbal und öffentlich ausgepeitscht und war samt Johanniskraut-Kapseln auf die Damentoilette geflüchtet.

Ach ja, die Damentoilette. Letzter Zufluchtsort in Krisenzeiten. Dort könnte man ganze Shakespeare-Dramen in moderner Interpretation spielen lassen. Dort haben wir alle mal geheult, um uns anschließend frisch geschminkt und parfümiert wieder in die Höhle des Löwen zu wagen. Wenn der Blutdruck dann immer noch versagte und uns trotz Make-up die Blässe ins Gesicht trieb, reichte es, sich ein paar Mal mit Daumen und Zeigefinger in die Wangen zu zwicken.

Wo weinen eigentlich Männer? Denn sie tun es. Sind die Herrentoiletten mit eigenem Schlüssel eigentlich schalldicht? Bestimmt. Ein Ort, wo sie kurzzeitig auch im übertragenen Sinne alle Hüllen fallen lassen dürfen und wo sich Mann auch mal ganz klein machen darf. In Denkerposition à la Rodin dürften allerdings die wenigsten Chefs hier ihre Geschäfte verrichten. Und das Toilettenpapier legt keiner von den Jungs für den nächsten nach. Es muss schnell gehen. Das würde Abzugspunkte in jeder Wohngemeinschaft geben. Hier nicht.

Aber zurück zu Angelika. Sie hatte die Begabung, unser für sie aufgebautes Mitgefühl sofort wieder zunichte zu machen. Ein Anruf in der Technik genügte. »Wie kann man mir ein Mikrophon mitgeben, ohne es vorher zu testen. Ein ganz mieser Job, den Sie da gemacht haben.« Sie trat nach unten weiter und gab die Peitschenhiebe eins zu eins an einen verblüfften, rhetorisch sparsam ausgestatteten Techniker weiter. So machte sie sich nicht beliebt. Aber sie fühlte sich nachher besser und konnte ihrem Chef, nachdem sie ihre Wut anderweitig abgefeuert hatte, wieder aufmunternd lächelnd entgegentreten.

Da ist sie, die Wölfin im Schafspelz. Und der Chef ahnt rein gar nichts. Und wundert sich auch nicht, wenn seine rechte Hand mittags allein am Kantinentisch sitzt.

Pretty Woman

Es gibt auch nette, wunderbar oberflächliche Storys zu erzählen. So ganz ohne psychische Abgründe. Die bunten, schwungvollen, witzigen Falter unter den Managern lieben es im Vorzimmer gern locker, farbenfroh und sexy. Have fun, Frau Münk. Das fängt mit der Optik an – und endet oft auch dort. Alles andere ist nebensächlich, Zusatzqualifikation, die sowieso vorausgesetzt wird.

Als Sekretärin lebt man mit dieser Erwartungshaltung. In allen anderen Berufen muss man schließlich auch damit klarkommen, dass die Attraktiven und Intelligenten erfolgreicher sind. Nur bei uns werden unsere Vorzüge zusätzlich nach außen instrumentalisiert. Ich hatte immer gedacht, dass es jenseits der statusverwöhnten Vorstandsetagen bei den Zweitligisten auf Geschäftsführungsebene kleinerer Unternehmen schnörkelloser zugehen würde. Weit gefehlt. Mein Aussehen und/oder mein beruflicher Stammbaum werden bei jeder Gelegenheit strategisch eingesetzt: »Frau Münk, mit dem Kostüm können Sie uns ruhig gleich noch einmal eine Kanne Kaffee ins Meeting bringen.« Oder: »Frau Münk, wenn Sie jemand fragt, dann sagen Sie ruhig, woher Sie kommen und was Sie vorher gemacht haben.«

Bleiben wir ruhig beim Aussehen und blicken wir durch die Männerbrille. Kenner unterscheiden zwei Arten von Sekretärinnen: Die mit den weißen BHs unter den schwarzen Blusen und die mit den schwarzen BHs unter den weißen Blusen.

Es gibt natürlich auch Ableitungen von dieser Grundregel, zum Beispiel »Je kürzer der Rock, umso weniger Arbeit auf dem Tisch«.

Männerblicke kann man so leicht steuern. An jedem Tag mit Rock komme ich mir vor wie die Dame ohne Oberkörper auf dem Jahrmarkt. Dabei würde ich meine Beine zwar als ansehnlich, aber nicht besser als durchschnittlich einstufen. Man möchte an solchen Tagen den Männern deutscher Chefetagen winkend zurufen »Hallo, hier bin ich, einen Meter höher!«, wenn man ihnen auf dem langen Korridor mit dem dicken Teppichboden begegnet.

So manche scharfe Assistentin schlägt daraus Kapital. Mangelnde Kenntnis der neuen Rechtschreibung, der Glaube, dass Powerpoint ein Computerspiel für Mittagspausen sei und Schwächen im Sozialverhalten lassen sich so virtuos überspielen. Beim Diktat mit Stenoblock auf dem Schoß sind diese Damen in der Lage, durch die Art und Weise, wie sie langsam ihre Knie übereinanderschlagen, die Sprechgeschwindigkeit des Chefs zu steuern und somit Lücken im Stenogramm aufzufüllen. Wenn sie dann noch einmal um Wiederholung bitten, weiß der Betrachter nicht mehr, was er gerade gesagt hat und beginnt bereitwillig noch einmal von vorn.

Es gibt auch passive Arten der Beeinflussung. Manche Assistentinnen bauen um sich herum eine Wand aus Parfum auf, die nur wenige ohne narkoseähnliche Aussetzer durchdringen können. Reviermarkierung wie in der Tierwelt. Hier bin ich zu Hause, weil es hier so riecht, wie ich rieche. Auch wenn ich gerade nicht im Raum bin. Diese Damen gehen nicht verloren. Man riecht sie, wo sie stehen und gehen. Erst wenn der dazugehörige CEO im Meeting wie seine Sekretärin duftet, sollte man mit ihr reden.

Es gibt Sekretärinnen, die das Image leben. Sie haben vielleicht kein Nagellackfläschchen auf dem Schreibtisch, aber doch in der Schublade stehen. Sie surfen tagsüber unter dem Codenamen »Zicke« oder »Trulla« in Internetforen und begeben sich somit ganz freiwillig und demonstrativ mitten ins Stereotyp. Sie drehen sich demonstrativ mit dem Bürostuhl weg, wenn sie telefonieren und man trotzdem etwas Dringendes von ihnen benötigt. Sie haben nicht mehr den Elan, Dinge zu hinterfragen, vielleicht haben sie ihn auch nie besessen. Sie repräsentieren mehr, als dass sie agieren, haben gelernt, dass es of bereits reicht, anwesend und einsatzbereit zu sein. Eine Requisite mit Pulsschlag.

Das sind die Sekretärinnen ohne Namen. Sie melden sich am Telefon mit dem Substantiv »Vorzimmer« oder »Büro Herr X« und leiten ihre Sätze mit »Herr X will ...« statt mit »Wir haben eine Bitte« ein. Ein Sprachrohr im wortwörtlichsten Sinne.

Das »Telefon-Echo-Syndrom« kennt jeder:

»Herr X möchte gern mit Herrn Y verbunden werden.«

»Worum geht es denn? Haben Sie ein Stichwort?«

»Oh, das weiß ich nicht. Da frage ich mal schnell. Momentchen.« Sagt es und legt die Hand samt klackerndem Fingerring über die Sprechmuschel.

In der Ferne hört man: »Man möchte wissen, worum es geht.«

Aus noch weiterer Ferne schallt es zurück: »Das bespreche ich mit Herrn Y selbst.«

Und anschließend offiziell: »Das möchte er mit Herrn Y selbst besprechen.«

»Tut mir leid, Herr Y spricht gerade auf seiner Leitung. Kann ich ihm etwas ausrichten?«

Die Frage wird ins Nirgendwo weitergeleitet: »Kann die Sekretärin ihm etwas ausrichten?«

»Nein, wir melden uns wieder.«

»Nein, wir melden uns wieder.«

»Ich werde es ihm ausrichten.«

»Sie wird es ihm ausrichten.«

Manchmal wird der Sekretärin auch jeglicher Raum zur Eigeninitiative im Vorfeld aberkannt. Zu telefonieren, wenn der Chef mithört, war für mich immer der Albtraum. Ich war bemüht, mir ein »autonomes Arbeitsgebiet« zu schaffen, in das mir niemand hereinreden konnte. Dafür musste ich mir allerdings erst Kenntnisse aneignen, Vorgänge durchlesen und Fragen stellen. Wenn man Chefs zur Weißglut bringen will, fragt man nach Erteilung eines Arbeitsauftrages einfach »Wozu eigentlich?«.

Zarte Ansätze zusätzlicher, sagen wir themenbezogener Ausarbeitung werden im Vorzimmer oft kopfschüttelnd vom Tisch gefegt: »Aber Frau Münk, Sie müssen hier jetzt keine Powerpoint-Präsentation hinlegen. Auch wenn Sie Zeit haben, hier geht es ums Prinzip. So etwas machen wir hier nicht. Dafür haben wir doch unsere Leute. Wenn das jemand sieht, denkt man noch, Sie hätten sonst nichts zu tun. Ihre Kreativität müssen Sie privat ausleben, tut mir Leid. Und machen Sie sich doch nicht immer so viele Gedanken. Sie müssen doch hier nicht alles durchlesen, was auf den Tisch kommt. Was ist eigentlich mit der Aktualisierung meiner Tennisclub-Liste?«

Die wahre Kunst ist es, im Vorzimmer die goldene Mitte zu finden zwischen Nagellackfläschchen und Makro-Programmierung der Joint-Venture-Kostenanalyse.

Typ »Pezziball«

Zum absoluten »No-go« im Vorzimmer gehören Sitzgerätschaften wie Pezzibälle, Sitzschalen oder sonstige ergonomische Exoten, in denen die Sekretärin eine eher knieende Position einnimmt. Das schont zwar den Rücken, aber nicht das Image. Haben wir das nötig? Eine halbwegs gerade Körperhaltung und ein aufrechter Gang haben mir schon über so manche akute Krise hinweggeholfen. Auf einem Pezziball sitzend, würde ich dagegen mit Sicherheit im Ernstfall hemmungslos heulen wie ein Kleinkind. Das leichte Vor-sich-hin-wippen würde auch die letzten Schleusen öffnen.

Männer und Chefs sowieso assoziieren Pezzibälle sicher nicht mit einer kreativen und gesundheitsbewussten Herangehensweise an orthopädische Beschwerden. Für sie sind es eindeutige Insignien eines mitleiderregenden Frauentyps, zu dem aus ihrer Sicht nur Acrylpullover in Altrosa, selbstgemachte Butterbrote in Tupper-Ware und Wandbilder vom letzten Pauschalurlaub mit Kneipp-Güssen im Hochsauerland passen. Völlig unsexy. Und wie soll sich ein Chef fühlen, der sich morgens in seinen Zweireiher zwängt und die Krawatte formvollendet bis zum Anschlag knotet, wenn ihm seine Sekretärin fröhlich auf ihrem Pezzi entgegenhoppelt?

Zugegeben, Damen auf grünen oder pinken Bällen habe ich in Vorstandsvorzimmern selten gesehen. Aber es gibt sie. Oft sitzen darauf extrem unauffällige Exemplare, die in dunkelblauen Pullis und bequemen Laufschuhen ansonsten jegliches Unterscheidungsmerkmal zwischen sich und ihrer Umgebung aufgegeben haben.

Eine davon war Karin. Ich teilte mir mit ihr ein Doppelsekretariat bei Herrn Hoffmann und Herrn Kramer, Managing Directors in bereits erwähntem Unternehmen der Chemie-Industrie. Die Arbeit in einem Doppelsekretariat habe ich davor und danach nur noch einmal kennen und schätzen gelernt. In allen anderen Fällen war ich meinen Chefs und sie mir allein ausgeliefert.

Karin war der Typ »Pezziball«. Sie hatte nicht nur einen, sie saß auch im Büro darauf. Grasgrün, die klassische Retro-Farbe, aber in diesem Kontext und mit Karin darauf doch eher weniger cool. Sie hatte ihn bereits seit sechs Monaten, und Herr Hoffmann ließ sie gewähren, um nicht einen personellen Ausfall aufgrund von akuten Rückenschmerzen zu riskieren. Der Rest war ihm eigentlich egal. Ich dagegen empfand diesen riesigen grünen Punkt in einer sonst eher schlicht gehaltenen Umgebung als leicht beunruhigendes Element.

Es gab Tage, da machte ich mutige Anläufe bei Karin: »Wie kommt es eigentlich, dass ich immer an Ostern denken muss, wenn ich dich auf deinem grünen Ei sitzen sehe? Was macht dein Rücken? Hat's geholfen?«

Sie robbte näher zu mir: »Du, super. Ich habe kaum noch Verspannungen. Und seitdem ich mein Handballenkissen an der PC-Tastatur liegen habe, sind auch die Schmerzen am Halswirbel weg.« Sie strich anerkennend über ein abgewetztes Etwas ohne Form und Farbe auf ihrem PC-Arbeitstisch.

Ich verzichtete darauf, es genauer in Augenschein zu nehmen. Schon Mousepads werden bei mir regelmäßig ausgewechselt, sobald sie eine leichte Patina ansetzen und Bakteriensammelherde bilden. Vielleicht bin ich da etwas eigen.

Karin war in Fahrt gekommen: »Und das Beste: Mein Arzt hat mir noch einmal eine neue Runde Krankengymnastik verschrieben. Zweimal die Woche. Toll, nicht?«

Ich nickte wortlos und wohlwissend, dass ich weiterhin regelmäßig vor 09.00 Uhr und ab 17.30 Uhr allein im Büro sein würde. Alles für die Gesundheit meiner Kollegin.

Aber es gab Hoffnung: »Dann brauchst du ja bald deinen grünen Bomber nicht mehr!«, rief ich ihr aufmunternd zu.

»Oh, und ob ich den brauche! Von dem werde ich mich nicht trennen. Der tut mir so viel Gutes.« Sie gab ihrem Ball einen liebevollen Klaps in die Seite.

Fast hätte ich gefragt: »Soll ich dir noch ein Gesicht draufmalen?« Aber mir fiel ein, dass Karin zu Hause niemanden hatte, der ihr Gutes tat oder dem sie Gutes tun konnte. Ein klassisches Sekretärinnenschicksal. Ungebunden und damit die Idealkandidatin für eine ungeregelte Arbeitszeit.

Und abends reicht ja auch ein Döschen Fisch auf dem aufgebackenen Brot vom Wochenende. Ein paar Pfund zu viel auf der Waage kommen im Zweifel immer von der Schokolade nach 21.00 Uhr – und nicht vom ausgewogenen Dinner zu zweit mit einem guten Rotwein.

Karin tätschelte immer noch das Plastik: »Und sieht doch flott aus. Hat nicht jede, musst du zugeben!«

Jetzt wusste ich nicht mehr, was ich sagen sollte, denn genau hier war das Problem: Sie hatte zwar ein grünes Monster unter sich, war ansonsten aber so unauffällig, dass ihr Chef, Herr Hoffmann, sie oft gar nicht richtig wahrnahm und auf dem Weg zur Tür durch sie hindurchlief wie durch ein Vakuum. Sie sagte nichts, sie roch nach nichts, und vor den anthrazitfarbenen Lamellen sah man sie tatsächlich kaum.

Sie trug dunkelblaue flache Schuhe, solche, die ich bei ausgedehnten Spaziergängen trage, aber nicht im Büro.

Ich unternahm noch einen Versuch. Themawechsel: »Sag mal, sind dir deine Schuhe eigentlich nicht zu warm hier? Ich bekomme da ja sofort dicke Beine.«

Sie schaute am Pezziball herunter Richtung Fußboden. »Nein, wieso? Damit bin ich super schnell.« Ich schüttelte den Kopf. »Meine Liebe, damit bist du vielleicht schnell, aber keiner merkt es. Männer brauchen eine akustische Untermalung, ein Klack-Klack-Klack von Damenabsätzen, um beurteilen zu können, wie schnell wir über den Linoleum-Flur flitzen. Auf dieses Geräusch sind sie genetisch geprägt. Alles andere überhören sie. Und du huschst unbemerkt durch! Wir haben unsere Pumps hier doch alle im Büroschrank stehen. Du brauchst sie ja nicht 24 Stunden zu tragen.«

Karin schaute mich an und setzte mit »Ja, aber ...« an, als mein Telefon klingelte. Es war mein Chef, Herr Kramer. Von unterwegs. Ein »Ich-wollte-mal-hören-Anruf«.

Ich bekam noch ansatzweise mit, wie die Tür zum Büro von Herrn Hoffmann auf Karins Seite aufging und ein Gast herauskam. Das nächste, was ich im Augenwinkel sah, war ein Herrenbein auf Augenhöhe. Dunkelblaue Socken zu schwarzen Schuhen. Nicht sehr stilvoll.

Aber halt, auf Augenhöhe? In diesem Moment hörte ich auch schon einen dumpfen Knall. Ich ließ meinen Chef am Telefon weiterreden und drehte mich um. Der Gast von Herrn Hoffmann war der Länge nach über Karins Pezziball gefallen. Sie musste irgendwann aufgestanden sein. Ihr Sitzinstrument war flexibel und gab jeder Bewegung nach, auch wenn sie nicht darauf saß. Der Ball war seelenruhig in Richtung Tür gekullert. Ich beendete das Telefonat mit meinem Chef. Notfall. Ich war in meinem Element und hoffte, den Verbandskasten im Garderobenschrank jetzt endlich benutzen zu dürfen. Auf meiner Stirn loderte das rote Kreuz.

»Um Himmels willen, Herr Dr. Bernhardt. Ist Ihnen etwas passiert?« Herr Hoffmann beugte sich über den noch am Boden liegenden Herrn, der sich langsam aufrappelte und zunächst seinen Anzug abklopfte bevor er sich Gedanken über etwaige Knochenbrüche machte. »Nein, nein – es ist nichts passiert. Huch. Damit rechnet man ja nicht wirklich. Spielen Sie hier Senioren-Boccia?«

Diese Äußerung war für Herrn Dr. Bernhardts Verhältnisse durchaus kühn und provozierend. Ein Signal in Karins Richtung. Er verabschiedete sich wortkarg und schnell und ließ sich von Herrn Hoffmann hinausbegleiten.

Als dieser wieder ins Büro kam, platzte es aus ihm heraus: »Frau Eckhardt, heute Abend lassen Sie endgültig die Luft aus dem Teil, öffnen anschließend alle Fenster für zwanzig Minuten und nehmen dieses Ungetüm in Ihrem dämlichen Rucksack mit nach Hause. Ich habe endgültig die Nase voll von diesem Tinnef.«

Er knallte die Tür zu und verschwand in seinem Büro.

Und schon wieder Tränen. Karin schnäuzte in ihr Taschentuch.

Ihr muss jämmerlich zumute gewesen sein. Und so sah sie auch aus. Ich hoffte, dass es mit mir nie so weit kommen würde. Und wenn ich schon heulen muss, will ich wenigstens dabei schön angezogen sein. Sonst nimmt mich am Ende niemand mehr in den Arm, um mich zu trösten.

Den Ball habe ich nie wieder gesehen. Und Karins Rückenschmerzen kamen wieder. Ich befürchte allerdings, dass es nicht am neuen Bürostuhl lag, sondern dass die Gründe viel tiefer zu suchen waren.

Aber die Chefs können uns bei der Gestaltung unseres Lebens nun einmal nicht helfen. Dafür sind sie nicht verantwortlich. Das Leben darf sich nicht allein in der Firma abspielen, denn sie hat uns nicht gekauft und wir sie nicht. Und deswegen dürfen die Chefs dieser Firmen auch nein zu grünen Pezzibällen sagen.

Der heimliche Manager

Es gibt hin und wieder auch den Typ »Löwin« in unserer Sekretärinnen-Zunft. Sie ist gestählt durch Jahrzehnte im Top-Management, inzwischen völlig autark und schmerzlos geworden und mit einer ganz eigenen Einflusszone ausgestattet, die nicht selten größer ist als die des Vorgesetzten. Hier werden die Rollen unmerklich umgedreht. Sie sitzt zwar im Vorzimmer, sagt aber trotzdem wo es beziehungsweise ihr Chef langgeht.

Sie bekommt morgens fertig geschältes Obst aus der Casino-Kantine. Mitunter trocknet sie ihre Hände im Damenwaschraum des Vorstandsflurs an vorgewärmten warmen Waschlappen statt mit bretthartenPapierfetzen. An so etwas kann man sich gewöhnen. Und es muss ein berauschendes Selbstwertgefühl geben.

Wenn Anrufer verbunden werden möchten und dabei schon gar nicht mehr den Namen des Chefs, sondern den der Sekretärin nennen, sind sie bereits von ihr gut eintrainiert. Sie werden ins Vorzimmer gestellt – und bleiben auch dort.

Ohne Nennung von Vor- und Zunamen, Position, Stichwort, Rückrufnummer unter Festnetz und Mobil sowie zeitliche Verfügbarkeit bis in die späteren Abendstunden geht hier gar nichts mehr.

»Ich könnte Sie noch zwischen 20.30 und 20.40 Uhr legen. Aber versprechen kann ich Ihnen nichts.« »Jetzt?« – »Mein lieber Herr, ich sitze hier nicht zum Spaß. Schicken Sie uns doch ein Telefax. E-Mails bekommen wir schon so viele. Bitte die Essentials und Ihre Terminvorschläge kurz skizzieren. Dann reden wir noch mal. Und auch Ihr Handy anlassen, bitte.«

Das sind Standardformulierungen eines beinharten Wächters in der Kommandozentrale, im Vorraum zum Allerheiligsten. In Sciencefiction-Filmen sind solche Wesen nur zusätzlich noch gehörnt, tragen keine Seidenstrumpfhosen und sprechen kein Deutsch. Und im größeren Büro sitzt ein nichts ahnender Top-Manager, der sich wundert, warum es um ihn herum plötzlich so still wird.

Bei diesem Typ Sekretärin handelt es sich oft um dieselben Damen, die alle internen und externen Kolleginnen mit »Schätzchen« ansprechen. Mein Mann würde für die Nennung dieses Kosenamens zwei Tage auf Essensentzug gesetzt, oder ich dürfte an drei aufeinanderfolgenden Abenden meine Neil-Diamond-CD in Konzertlautstärke hören.

Eine heimliche Managerin im Sekretariat kocht und serviert keinen Kaffee mehr. Sie hat eine jüngere Sekretärin am Katzentisch. Für die Schreibarbeit, fürs Kopieren, für die Reisekostenabrechnungen, für die Ablage – und für das Kaffeekochen.

Und wenn der Chef aus Delhi anruft und sich über seinen Chauffeur dort vor Ort beschwert, dann kommt in dieser Frau der Manager erst so richtig heraus, denn sie ruft den Bereichsleiter »New Markets« an und sagt ihm: »Sorgen Sie doch bitte dafür, dass mein Chef in Delhi einen anderen Chauffeur bekommt.« Arbeitsaufwand: circa 30 Sekunden. Und abends mit der Freundin schlägt sie die Hände über dem Kopf zusammen: »Da habe ich doch erst einmal einen anderen Chauffeur besorgen müssen. Vor Ort in Indien. Ich, vom Schreibtisch aus. Mein Gott, was man nicht alles macht.«

Solche Frauen lassen sich mitunter während ihres Urlaubs

eingehende E-Mails auf ihren Privat-Laptop weiterleiten, um am Puls des Geschehens zu bleiben. Wenn anders herum der Chef Urlaub hat, sitzen sie trotzdem ab 07.30 Uhr im Büro, damit der Biorhythmus nicht durcheinander kommt und sich einbildet, er könne sich eine Pause gönnen. Dies sind die ersten ernsthaften Assimilierungserscheinungen in Richtung Management. Nur das Gehalt ist ein anderes.

Die richtig guten arbeiten verdeckt, geräusch- und kommentarlos. Der Einfluss eines solchen Sparring-Partners im Vorzimmer wird oft unterschätzt. Warum eigentlich? Weiß die Welt da draußen überhaupt, was die wirkliche Managerin im Vorzimmer eigentlich den ganzen Tag macht? Sie liefert keine nach außen hin für jedermann sichtbaren Ergebnisse in Form von Berichten, Präsentationen und Projekten. Sie arbeitet verdeckt im Untergrund. Von dort aus bastelt sie an einem komplexen Gerüst aus Terminen, Telefonaten, Meetings, Reisen. Bei Veranstaltungen, die sie organisiert, ist sie vielleicht dabei, steht aber sehr wahrscheinlich mit dem Head-set und der Türliste im unterkühlten Empfangsbereich ohne Heizpilz, und da bleibt sie auch. Es gibt keinen Oscar für die beste Regie.

Die von ihr täglich angefertigte Prioritätenliste, nach der sich die Big shots durch den Tag leiten lassen, könnte ein Vermögen wert sein, wenn man sie im Vorfeld unternehmensintern an den Meistbietenden versteigern würde.

Die ersten Stunden des Tages sind nur der Anfang:

8.30–8.45 Uhr – Kaffeekochen oder Kaffeekochenlassen und kurzes Abchecken aller Räume und anstehenden Bewirtungen nach Plan. Gleichzeitiges Abhören der Mailbox und Ansehen zwischenzeitlich eingegangener E-Mails. 8.45–9.00 Uhr – Kommandogespräch mit dem Chef (»Wann muss ich wie wohin, was muss ich in welcher Form dabeihaben und mit wem muss ich sprechen bzw. nicht sprechen?«). 9.00–9.15 Uhr – Vermitteln der wichtigsten Telefonate und Erfüllung der um 8.45 Uhr geäußerten »Ich-brauche-sofort-Wünsche«. 9.15 Uhr – Zeitansage, dem Chef die Besprechungsakte unter den

Arm schieben und ihn ins erste Meeting schubsen. 9.30–10.00 Uhr – Post – Reduzieren der Papierberge auf zehn Prozent durch Senkrechtablage (Papierkorb) oder Delegation in die Abteilungen. Anschließend Reduzieren der verbliebenen zehn Prozent auf drei Prozent durch selbstständige Erledigung ohne Rücksprache. Erstellen des täglichen Einsatzplans für den Chauffeur, der um 10.00 Uhr vor der Tür steht. Ab 10.00 Uhr steht das Telefon nicht mehr still, und der Tag fängt langsam an.

Und dabei erst einmal immer lächeln. Echte Profis unter den Sekretärinnen bemühen dazu nur einige wenige Muskeln in den Mundwinkeln, und es kommt ein strahlender Zweireiher von Zähnen hervor. Sehr wirkungsvoll, sehr fotogen. Auch wenn dieses Lächeln einen Hauch zu schnell und irgendwie einheitlich kommt, manchmal sogar ohne erkennbaren Grund, rein prophylaktisch eingesetzt. Einigen Sekretärinnen hat es sich über die Jahre ins Gesicht eingebrannt, und sie können schon gar nicht mehr anders. Mitunter kann man ein Lächeln nicht nur sehen, sondern auch hören. Man nennt es dann das »Telefonlächeln«. Wir kennen es alle aus unserer Sekretärinnenausbildung. »Lächeln Sie beim Sprechen, und die Betonung wird dann eine ganz andere sein.« Ich habe das nie beherrscht. In stressigen Zeiten gleicht das Lächeln bei mir eher einem zahnlosen Grinsen oder einem kurzen Zucken in den Mundwinkeln. Überzeugen kann ich mehr mit einem Lächeln aus den Augen heraus, warmherzig und liebevoll, meistens ernst gemeint und daher echt. So ein Maximal-Lächeln mit Blick in die Seele ist nicht für jeden bestimmt. Ich kann die Herzenswärme im Ausdruck personenbezogen variieren, das geht intuitiv. Mein Lächeln sieht nicht immer gleich aus. Man will sein Gegenüber ja nicht langweilen oder ihm Anlass zur Vermutung geben, man habe bereits mindestens eine Gesichts-OP hinter sich. Für alle anderen Fälle bin ich zur neutralen Benutzung der Gesichtsmuskulatur übergegangen. Schon allein zur Vorbeugung von Falten.

»Frau Münk, Sie schauen aber heute sehr ernst und konzentriert.«

»Das liegt daran, dass ich heute sehr ernst und konzentriert bin.« Aber ich kann auch anders. Die Bandbreite aus dem Land des Lächelns groß: Das unverfängliche, das ansteckende, das verständnisvolle mit beschwichtigender synchroner Handbewegung, das vielsagend intellektuelle, das aufreizende mit Augenaufschlag.

Und was den Rest des Tages angeht: So unterschiedlich wir auch sein mögen, eins können wir alle, liebe Chefs:

Wir sind in der Lage – gleichzeitig – drei Telefonate entgegen zu nehmen, eine Powerpoint-Präsentation mit Animation hinzulegen, die Serienbrief-Funktion in MS Word aufzubauen und fünf E-Mails zu verschicken.

Des weiteren gleichzeitig zwei von den drei Telefonaten weiterzuleiten und beim dritten den Internetanschluss Ihrer Urlaubslodge im Kruger-Nationalpark klarzumachen.

Wir sprechen alle Sprachen und haben alle Länder der Erde besucht, kennen jeden Strand und jedes Hotel.

Wir kennen alle Einreisebestimmungen für alle Nationen und Staatsbürger.

Wir sind verantwortlich für das Essen im Flugzeug, für Verkehrsstaus, defekte Mietwagen, überfüllte Flugzeuge, das Wetter, eventuelle Kriege und Unruhen sowie für die Wirtschaftslage und eventuell ungünstige Umtauschkurse.

Wir haben magische Fähigkeiten und können Zimmer in ausgebuchten Hotels und Plätze in überbuchten Flugzeugen und Zügen reservieren.

Außerdem sind wir in der Lage, Flugzeuge zu Ihren Wunschzeiten starten und landen zu lassen.

Wir wissen auch, dass Sie, wenn Sie einen Flug für Freitag gebucht haben, in Wirklichkeit Samstag fliegen wollten.

Auch werden wir automatisch, wenn Sie einen Termin mit

einem Kunden vereinbart haben und uns dies nicht mitteilen, einen Besprechungsraum mit Kaffee und Wasser bestellen.

Wir schaffen es, Sie pünktlich in jedes Meeting zu schicken, auch wenn Sie seit 11.00 Uhr vormittags dem Terminplan bereits um zwei Stunden hinterherhinken.

Wir haben im Nebenfach Psychologie und Karate belegt und wissen daher, wen Sie heute sehen sollten und wen eher nicht.

Wir wissen intuitiv, wann das Vogue-Abonnement Ihrer Frau verlängert und wie viel Liter Heizöl wann, bei wem und zu welchem Preis für Ihren heimischen Tank geordert werden müssen.

Wir können schauspielern, singen, tanzen und den Drucker reparieren.

Wir ersetzen das Internet, die Telefonauskunft und die Post.

Wir kennen weder Sonn- noch Feiertage und arbeiten gern unentgeltlich bis in die späten Abendstunden und sehen dabei aus wie der junge Morgen.

3. Hoch hinaus – »Buchen Sie mir mal einen netten Flug!«

Bruchpiloten

Die Hummel hat ein Körpergewicht von 1,2 Gramm und eine Flügelfläche von 0,7 Quadratzentimetern. Nach den Gesetzen der Aerodynamik ist es unmöglich, bei diesem Verhältnis der Tragfläche zum Körpergewicht zu fliegen. Die Hummel weiß das aber nicht und fliegt einfach trotzdem.

Dieses Verhalten beobachtet man auch bei einigen Chefs, gerne in der zweiten und dritten Führungsebene. So ein Chef fliegt per se gern und überlegt vorher nicht, ob a) statt Flug auch eine Telefonkonferenz reichen würde oder ob b) es kostengünstige Alternativen zum Flug oder, wenn es denn der Flieger sein muss, zum Tarif gibt. Er macht sich nicht erst umständlich Gedanken. Er hebt einfach ab. »Frau Münk, zerbrechen Sie sich doch nicht so kleinkariert den Kopf über den Terminplan der nächsten Tage, den ich Ihnen mit diesem Flug über den Haufen werfe. Sie müssen in dieser Position etwas unternehmenspolitischer denken. Man muss manchmal spontane Entscheidungen treffen. Vergessen Sie nicht die wichtigen Kontakte, die ich so ganz nebenbei beim Fliegen knüpfen kann. Man muss sich eben zeigen, in den Terminals und Lounges. Sonst sind Sie ganz schnell raus aus dem Spiel. Zeit hin, Termine her. Ich fliege jetzt einfach trotzdem.«

Die wirklichen Brummer sitzen in den ersten Reihen der Kabinen von Lufthansa & Co. Das weiß man als Sekretärin, da keine Flugbuchung ohne Sitzplatzreservierung in die Tüte kommt. Bei Senatoren immer 1. oder 2. Reihe/Gang. Für Frequent Travelers bei 2-2-Bestuhlung auch immer Gang, auf Langstreckenflügen mit 2-3-2-Bestuhlung immer mittlerer Block/Gang, da die Wahrscheinlichkeit, dass sich jemand Mitte/Mitte setzt äußerst gering ist und somit der Nachbarplatz mit großer Wahrscheinlichkeit leer bleibt. Außerdem scheint dem Jetseter bei Fernostreisen dann nicht irgendwann die Sonne zu früh ins Gesicht, wenn er eigentlich noch schlafen will.

Die Sekretärin fliegt nicht selbst, sie lässt fliegen. Welcher Chef nimmt seine Sekretärin mit auf Reisen, ohne das Gerücht fürchten zu müssen, man habe ein Verhältnis? Nein, dieses Terrain gehört den Männern. Das ist selbst im Metropolitan zwischen Hamburg und Düsseldorf morgens um 06.55 Uhr nicht anders. Zu Messezeiten kommt man sich als Frau im roten Pulli vor wie ein Flamingo in der Pinguinkolonie. So weit man schaut, nur dunkle Zweireiher und piepsende Handys.

Zurück zum Flieger. Nun kenne ich aus meiner privaten Reiseerfahrung glücklicherweise nicht nur Charter-Fluglinien. Nein, so ganz pauschal reisen wir Sekretärinnen nun auch wieder nicht. Wir kennen uns aus im Preisgefüge der Linienflieger und wissen ganz genau, wie man ein Wochenende in Rom kostengünstig hinlegt und trotzdem noch eine Chance auf das Sandwich in der Business Class hat.

Kennen wir Frauen das nicht alle: Wir besteigen ein Flugzeug, überzeugen uns durch einen kurzen Blick nach links vom ordnungsgemäßen Zustand des Cockpits inklusive Piloten und müssen uns dann bei den Zeitschriften zwischen Schein (FAZ) und Sein (Gala) entscheiden. Ich könnte meinen Mann bei gemeinsamen Flügen auf der Stelle exekutieren, wenn er laut wedelnd mit einem »Deine Frauenzeitschrift!« hinter mir hereilt, während ich souverän lächelnd mit der FAZ unterm Arm durch den Gang schreite. Und dann kriege ich »meine Frauenzeitschrift« noch nicht mal in die Hand, weil er sie ausgiebig selbst liest.

Der Weg zum »Seat« führt uns durch Welten wie im richtigen Leben am Boden. Seien wir ehrlich, bleibt unser Blick nicht für Bruchteile von Sekunden länger an den Herren in den Reihen 1 und 2 (na ja, meinetwegen noch 3) hängen? Diese haben sich bereits in ihre Herald Tribunes vertieft und scheinen schon Stunden zu warten, dass sich der Rest des Bordpersonals endlich installiert. Wir alle wissen, dass die Jungs mit den Rucksäcken in Reihe 24 rein physisch die attraktivsten sind. Das war schon früher im Schulbus so. Und trotzdem.

Die Herren vorne – mit englischen Schuhen und lässig übereinandergeschlagenen Beinen. Für diese Sitzhaltung muss man in der Economy Class schlangenmenschartige Verrenkungen hinlegen. Es duftet nach dezentem Aftershave. Diese Welt ist schnell durchschritten.

Direkt hinter dem Vorhang wird das Aftershave beißender. Schuhe mit Kreppsohle, manchmal auch mit Absatz oder Eisenblättchen, sind nicht selten. Die Krawatten werden bunter. Die Passagiere direkt hinterm Vorhang sind der Typ Brummer, bei denen das Verhältnis Tragfläche zu Körpergewicht noch weniger stimmt als bei der wirklichen Hummel.

Meine Welt ist der mittlere Teil der Economy Class. Dort halten sich die verträglichsten Exemplare auf, die auch schon mal mein »Guten Tag« erwidern, wenn ich mich an ihnen vorbei an meinen Fensterplatz quetschen muss. Diese Herren merken dann noch gerade rechtzeitig, dass sie die ganze Zeit auf meinem Anschnallgurt saßen. Hier ist auch die Chance größer, nach der Landung beim Erlöschen der Anschnallzeichen noch eine Sekunde sitzen bleiben zu dürfen. Sitznachbarn können so souverän wirken, wenn sie einfach nur warten. Und nicht bereits beim Aufsetzen der Räder die geöffnete Gurtschnalle auf meine Oberschenkel feuern. Mann, wie uncool.

Der Senator

Wer will es dann dem Chef verdenken, wenn dieser – egal auf welchem Flug – auf dem Gangplatz in der ersten Reihe beharrt. Senator.

»Frau Münk, sagen Sie, dass ich Senator bin.«

»Aber ich reserviere doch nur Ihren Tisch im Restaurant für morgen Abend.«

»Egal, schaden kann's nicht, dass die das wissen. Gibt's da Punkte?«

»Senator« – was für ein Wort. Wer hat sich das eigentlich bei unserem Carrier mit dem dicken Kranich ausgedacht? Denn es ist unsinnig. Keiner meiner Chefs mit Senator-Status hatte wirklich etwas Hanseatisches oder Amerikanisches an sich.

Der Senator ist der bessere und vor allen Dingen schnellere Mensch. Für ihn gibt es keine Wartelisten, Miles & More-Flüge und Mietwagen sind in null Komma nichts gebucht. Die Gattin shoppt mit gleichnamiger Credit Card Gold ohne Jahresgebühr weltweit und verwechselt schon mal die »Validity« mit dem Kreditrahmen. Wer diese Card hat, hat's geschafft. Befreit von jeglichen internen Reisekostenrichtlinien, im Besitz der Limousine, von der er schon als Kind geträumt hat, und mit einer Assistentin, die Hochschulstudium und MBA mit schwarzem BH unter weißer Bluse vereint.

Wer einen Senator als Chef hat, erlebt reisetechnisch selten Überraschungen. Alles geht schnell, alles läuft glatt, meistens. Luxus kann so langweilig sein. Es sei denn, ihm wird mangels Flugumsatz der Status aberkannt, was einer Amputation gleichkommt. Dieses zu verhindern beziehungsweise rückgängig zu machen, gehört zu den letzten großen Herausforderungen im Sekretariat eines Top-Managers, der wichtig ist, aber eben weniger fliegt. Denn heutzutage reicht es nicht mehr, eine Visitenkarte mit der Botschaft »Ich bin Chef« vorzulegen. Wer nicht genug Statusmeilen hat, fliegt raus. So einfach ist das. Sich unter das Fußvolk der »Frequent Travelers« zu mischen, ist nicht jedermanns Sache: »Frau Münk, wenn Sie jemand fragt, warum ich erst in Reihe 6 gebucht bin, sagen Sie einfach, das sei meine Glückszahl. Wir müssen es ja nicht gleich jedem erzählen, dass ich nicht mehr nach vorne kann. Und danach regeln Sie das mit meinem Status mit der Bezirksdirektion dieser Fluggesellschaft. Ich kann nicht glauben, dass man da nichts machen kann. Kümmern Sie sich sofort darum, der Brief an den Aufsichtsrat kann auch morgen noch raus.«

Miles & much more

Die wirklichen Exoten unter dem »Flugpersonal« eines jeden Unternehmens sind die Bereichs- und Abteilungsleiter. Mit ihnen erlebt Frau köstliche Peinlichkeiten und bekommt eine Ahnung, wie kleinkariert das Muster der Pantoffeln zu Hause sein könnte. Denn hier stellt sich die Frage: »Wie kriege ich unter Einhaltung der Reiserichtlinien eine angenehme Reise mit Mehrwert für mich hin?« Da gibt es noch echte Herausforderungen für die buchende Sekretärin. Und für den Reisenden selbst sowieso.

Ganz kluge Köpfe präsentieren sich im Vorzimmer mit bereits frisch aus dem Internet ausgedruckten Flugzeiten und diktieren einem dann ihre Flugroute, als hätten sie die letzten zehn Jahre als diplomierter Reiseverkehrsfachmann im Reisebüro gesessen. »Ich denke, wir müssen da die 151 um 07.25 Uhr nehmen. Über Frankfurt. 35 Minuten Aufenthalt. Ohne Terminalwechsel. Dürften wir schaffen. Das heißt Anschlussflug nach Nizza dann mit der 873 um 09.10 Uhr.« Und selbstverständlich alles meilenfähige LH-Flüge. Alternativ-Vorschläge sind bei diesem Modell unerwünscht.

Herr Eckschröter, Bereichsleiter in unserem Vorstandsressort, legte seine Zürich-Termine immer in die zeitliche Nähe des Wochenendes und tauchte auch schon mal mit Skigepäck beim Kundentermin auf.

»Frau Münk, buchen Sie doch mal einen netten Flug für mich. Mit Wochenende drin kommt es ja vielleicht auch preiswerter. Aber bitte meilenfähig.«

»Meilenfähig« halte ich für das Unwort des Jahres und »Meilensammeln« für konjunkturschädigend. Die ehrgeizigen Sammler von Meilenpunkten sind dieselben, die als Kind ihr Taschengeld für Schokoriegel mit Fußball-Abziehbildern verzockt und anschließend kostbare Zeit damit vergeudet haben, diese meistbietend zu tauschen. Ich dagegen begnügte mich damit, die Kacheln der heimischen Küche mit bunten Pril-Blümchen zu verschönern.

Aber zurück zu Herrn Eckschröter. Den Flug hatte ich gebucht. Ich war stolz auf mich. Ein Flug nach Zürich und zurück zum Wochenendtarif von 198,– Euro – und meilenfähig.

Eine Woche später ein sparsamer Blick auf das eingetroffene Ticket:

»Frau Münk, ich verstehe da etwas nicht. Der Preis ist ja super, aber ich fliege ja Economy?!«

Beim Wort Economy legte sich seine Nase in kleine Querfalten. Nun war Herr Eckschröter lediglich ein Mitarbeiter meines Chefs, für den ich freundlicherweise einen Flug gebucht hatte.

»Aber schauen Sie doch mal, Herr Eckschröter. Mit diesem Ticket würden Sie in jeder Budget-Besprechung glänzen. Sie sparen durch das Wochenende 90 Prozent des regulären Flugpreises für die Firma. Ist das nicht toll?«

»Ja, sicher. Mit Economy habe ich ja auch eigentlich gar kein Problem. Und umbuchen werde ich ja auch nicht müssen. »

Ich legte fragend den Kopf schief. Wo war dann das Problem?

»Ich meine nur, dass ich in dieser Kategorie natürlich jetzt auch weniger Meilen für diesen Flug bekomme.«

In solchen Momenten sehe ich die deutsche Wirtschaft weiter am Boden. Wie soll es auch vorangehen mit solchen Männern? Wo sind Größe und Wahrhaftigkeit? Wo sind die wirklichen Helden? Ich fürchte, in Reihe 24 der Economy Class, mit Rucksack.

Pferdestärken

Jede Flugreise beginnt zunächst einmal am Boden, nämlich auf dem Weg zum Flughafen. Da, wo es auf Sekundenbruchteile ankommt. Hier werden Formel-1-Träume verwirklicht. Um die Strafzettel wegen Überschreitung der zulässigen Höchstgeschwindigkeit kümmert sich im Anschluss die Sekretärin mittels e-banking für die ganze Familie. Diese unschönen Dinge gehen spurlos am Chef vorüber, und auch an seinem Konto. Einkommensabhängige Strafgelder sind hierzulande ja leider noch nicht eingeführt.

Der eigentliche Albtraum jedes Chauffeurs ist ein Wort mit vier Buchstaben: STAU. Dieses Naturereignis kombiniert mit einem gestressten Top-Manager auf der Rückbank gilt als absolute Bewährungsprobe für beide Probanden, Chef wie Chauffeur:

Hermes fährt mit Herrn Tulny auf einen Stau zu. Verkehrsunfall 1000 Meter weiter vorn. Unvorhersehbar. Unumgehbar.

»Was ist das?« Herr Tulny sieht die Antwort auf seine Frage gerade vor sich.

»Ein Stau. Allerdings nur 1000 Meter. Verkehrsunfall.«

»Das gibt es nicht. In 20 Minuten geht mein Flieger. Überholen Sie.«

»Wir sind schon auf der linken Spur.«

»Na dann eben rechts, irgendwie lässt sich das Teil doch wohl umfahren.«

Herr Tulny rutscht auf der Rückbank von rechts nach links und versucht seitlich an den Autos vorbei Richtung Horizont zu schauen.

Der Blick zum Horizont qualifiziert den echten Top-Manager.

Aber eben nicht von der Rückbank aus im Stau, wenn man stattdessen einfach nur souverän noch ein paar Telefonate führen sollte, um das zusätzliche Zeitfenster effektiv zu nutzen.

»Das gibt es doch nicht. Wieso sind so viele Autos vor uns hier gewesen?«

»Dies ist eine Autobahn. Da kann das vorkommen.«

Hermes krallt seine Finger um das weiche Nappaleder des Lenkrads. Contenance.

Die hat sein Chef auf dem Rücksitz zwischenzeitlich völlig und wortwörtlich verloren.

»Diese Art von Stress geht bei mir immer sofort auf die Blase. Ich muss pinkeln. Rechts ranfahren.«

Hermes legt riskante Lenkungsmanöver hin und erreicht die rechte Standspur.

Herr Tulny kommt keine zwei Meter weit. Aber er ist immerhin aus dem Auto.

Ein LKW fährt laut hupend vorbei. Das feine Tuch von Tulnys Hose flattert im Wind.

Hermes fragt sich, wann dieser Film endlich abgedreht ist.

Herr Tulny setzt sich sichtbar erleichtert wieder auf die Rückbank.

»Ich habe mir da etwas überlegt. Vorausschauende Schadensbegrenzung sozusagen. Man muss das alles mal strategisch angehen. Einen Stau hatten Sie schon neulich, als Sie mich vom Flughafen abholen sollten und zehn Minuten zu spät kamen. Ihnen fehlt ganz einfach die Benchmark. Demnächst werde ich einfach immer zwei Fahrer zeitgleich zum Flughafen schicken. Ein bisschen unmittelbarer Wettbewerb unter Ihnen kann ja auch nicht schaden, nicht wahr? Ich werde mich dann für denjenigen von Ihnen entscheiden, der nach zwei Monaten die höchste Trefferquote in puncto Stauumgehung und Durchsetzungsvermögen im Straßenverkehr erreicht hat. Warum soll es Ihnen schließlich anders gehen als uns im Top-Management?«

Für solche Momente hätte ich Hermes meinen Revolver leihen sollen.

Verträglicher sind die Chefs, die ihre Autos noch selbst fahren müssen. Status wird hier nicht über den Chauffeur, sondern über Hubraum, PS und Sonderausführungen herübergebracht. Da gibt es Projektile, von denen James Bond träumen würde. Eine andere Variante für den echten Mann und modernen Chef ist der »Offroader«, der sich in leeren Flussbetten des australischen Busches bewährt, aber schon allein aufgrund seiner widrigen Abmessungen in jedem europäischen Großstadtparkhaus an seine Grenzen stößt. Ein typischer Männerkauf.

Während die zweite und dritte Führungsebene sich an verhandelte Leasingmodelle halten müssen, mit denen sie nicht besonders sexy herüberkommen, klärt der CEO gleich vor seiner Einstellung darüber auf, was für ihn ein Firmenwagen bedeutet und was nicht. Vorbildfunktion hin oder her. Hier handelt es sich schließlich um das absolute Ausnahmethema.

4. Die Privatsekretärin – Lebenshilfe mit Schwesternhaube und Familienanschluss

Morgens um 08.45 Uhr. Es klingelte. Im Display die Handynummer der Gattin von Herrn Dr. Stanz.

Warum sollte dieser Tag auch anders beginnen als die meisten anderen?

»Guten Morgen, Frau Münk. Es ist ganz schrecklich. Ich stehe hier, und es tut sich nichts.«

Das Gefühl kenne ich, wenn ich morgens auf die U-Bahn warte. Frau Stanz vermutete ich aber nicht im U-Bahn-Schacht. U-Bahn fahren wäre für sie das echte Abenteuer, völlig unbekanntes Terrain. Es hörte sich trotzdem nach einem echten Notfall an.

»Guten Morgen, Frau Stanz. Wo stehen Sie denn?«

»Vor unserem Haus.«

Gott sei Dank. Einen kurzfristigen Heimflug nach Frankfurt brauchte sie schon einmal nicht.

Frau Stanz war offensichtlich nicht klar, dass das Bildschirmtelefon noch nicht deutschlandweit verbreitet ist, und dieses Mal versagte mein Talent für das Erraten von Standorten und Situationen.

»Welches Problem haben Sie denn, Frau Stanz?«

»Ich sitze hier im Auto vor dem Haus und die Garagentür geht nicht auf. Was soll ich jetzt tun?«

Spontan kam mir über die Lippen: »Erst einmal den Motor abstellen.«

Oh Hilfe, das tat sie. Er musste tatsächlich noch gelaufen sein.

In diesem Moment legte meine Kollegin wieder einmal ihre Arbeit nieder, um diesem Telefonat amüsiert und mit verschränkten Armen zu lauschen. Das war ihr nicht zu verdenken, machte die Sache aber nicht einfacher für mich.

»Okay. Und was mache ich jetzt?«

Frau Stanz klang schon ruhiger.

Ich kam mir vor, wie in einer dieser amerikanischen Doku-Soaps, wo Situationen in Notfallzentralen nachgespielt werden und man versucht, über das Telefon Opfer von Gewalttaten oder Unfällen zu beruhigen.

»Haben Sie es schon manuell versucht, Frau Stanz?«

»Wie manuell?? Die Fernsteuerung reagiert einfach nicht. Da kann ich noch so oft draufdrücken.«

»Oh nein, ich meine das Garagentor. Lässt es sich hochziehen?«

»Soll ich aussteigen?«

In diesem Moment fand ich, dass ein Home-Movie für Chefs, »Ihre Perle im richtigen Leben«, eine Marktlücke füllen könnte.

Ernsthaft bleiben.

»Hallo?« Sie musste bereits ausgestiegen sein. Immerhin.

»Nein, das geht gar nicht. Alles völlig verzogen.«

»Das bist du auch, Honey.« Es gibt Sätze, die man noch in letzter Sekunde zurückhalten kann.

Was ich schon wusste und was Frau Stanz mir nicht erklären

zu müssen glaubte, war die Tatsache, dass man mit dem Hauptschlüssel für den Hochsicherheitstrakt des Privathauses nur durch die Tiefgarage ins Haus kam. Shit happens even to rich people. Ich konnte Frau Stanz dazu bewegen, noch ein paar Einkäufe zu tätigen, und schickte den Chauffeur mit der zweiten Fernbedienung fürs Garagentor los. Hermes, unser Chauffeur, hatte im Übrigen ein funktionsfähiges Handy mit einer ihr bekannten Nummer und kannte sich im Zweifel mit Garagentüren besser aus als ich. Aber in echten Notsituationen halten wir Frauen ja zusammen.

Frau Stanz bekam eine neue Batterie für ihre Fernbedienung und die Welt war wieder wunderschön.

Hermes

Ach ja, Hermes, der Chauffeur. Mein Sparring-Partner im gemeinsamen Bemühen, das Leben unseres Chefs zu optimieren. Mein Coach, meine starke Schulter, wenn die Tränen kamen, mein Fels in der Brandung. Der einzige, der mich wirklich verstand. In seinem Aufgabengebiet legte er Managementqualitäten an den Tag, von denen mancher Top-Manager beziehungsweise das Unternehmen eines solchen nur träumen kann. Ein Goldstück. Aber auch er bekam dieselben verstaubten Secondhand-Weihnachtsgeschenke wie ich.

Mit Hermes hätte ich mich selbstständig machen können. Vor meinem geistigen Auge sah ich bereits unser Firmenschild »Lebenshilfe – Eventagentur – Personenschutz – Wir sind rund um die Uhr für Sie da. Rufen Sie uns an.«

Chauffeure sind die wahren Geheimnisträger der Nation. Sie wissen manchmal mehr als die Sekretärin. Was tun sie eigentlich, wenn sie bis in die frühen Morgenstunden vor dem Restaurant warten, in dem der CEO mit ein paar Kumpels das Wochenende einläutet? Vielleicht sind sie einfach nur froh, wenn sie die 300 PS morgens um 02.00 Uhr halbwegs sauber wieder in die Garage fahren können. Es gibt schließlich nichts Schlimmeres als einen Chef, der nach durchzechter Nacht in jovialer Bierlaune meint, dieses eine Mal alle sozialen Barrieren heldenhaft überwinden zu müssen, und sich auf den Beifahrersitz fallen lässt. Um sich dann anschließend in die Lüftungsanlage zu übergeben. Hermes ist das mit seinem Chef immerhin zweimal passiert.

Cholesterin

Ja, liebe Leser, da müssen Sie durch. Denn hier ist der heikle Punkt. Irgendwann vertrauen die Chefs ihren Servicemitarbeitern aus dem engsten Stab auch das Management ihres Privatlebens an. Meistens tun sie das schonungslos konsequent, von der Arztliquidation mit allen Einzelheiten über das Krankheitsbild bis zum e-banking mit Depotaufschlüsselung und Kreditrahmen. Auch wenn es zu Hause eine komplette familiäre Infrastruktur mit schick eingerichtetem Arbeitszimmer gibt. Chefs halten sich lieber an das Motto: »Meine Frau liebt mich, aber meine Sekretärin kennt mich. Da weiß ich, was ich kriege.«

So viel Vertrauen kann man schätzen. Aber es gibt Grenzen. Bügeln Sie nie für Ihren Chef! Wenn Sie für ihn die Hemden aus der betriebsinternen Reinigung holen, ist die Demarkationslinie auch nach außen endgültig überschritten.

Im Ernst, vielen Chefs ist es erstaunlicherweise völlig egal, welchen Preis sie da eigentlich für ein 1a-gemanagtes Berufs- und Restleben zahlen müssen: nämlich den unwiederbringlichen Verlust der Privat- und manchmal sogar der Intimsphäre gegenüber ihrer Sekretärin. Und die muss zusehen, wie sie damit klarkommt. In der Arbeitsgemeinschaft, die einen Großteil des Tages ausmacht, geht dabei für sie mitunter die gesunde Distanz und damit ein gutes Stück Respekt verloren. Schließlich offenbaren sich irgendwann schwarz auf weiß alle Schwächen, Vorlieben, Krankheiten, Liebschaften des Mannes, der eigentlich Autoritätsperson mit Vorbildfunktion sein sollte. Für Außenstehende mit »normalen« Berufen ist überhaupt nur schwer vorstellbar, was wir da alles für unsere Chefs machen müssen. Meine Mutter schlug nach meinen Schilderungen dann die Hände über dem Kopf zusammen: »Dass die sich nicht schämen! Die haben eben keinen Krieg mitgemacht.« Nun, die Kriegsschauplätze sehen heute mitunter anders aus, aber deswegen muss die Sekretärin ja noch lange nicht das Luftgewehr für den Jagdausflug am Wochenende zum Büchsenmacher bringen, auch wenn sein Geschäft in der Mittagspause noch so günstig auf ihrem Weg liegt.

Will ein Chef eine Person außerhalb der Familie wirklich so nah an sich und sein Privatleben heranlassen? Oh ja, er will. Die meisten, die es sich leisten können, tun es und – schlimmer – denken keine Sekunde darüber nach. Das Sekretariat ist ein neutrales und grenzenloses Rückzugsterritorium mit einem loyalen und schweigsamen Privat-Manager. Was kann da schon passieren? »Wenn sie das schon weiß und macht, dann kann sie den Rest auch noch wissen und machen.«

Mit den Folgen müssen die Chefs leben. Einer meiner schönsten Patzer war nur ein kurzes Telefonat mit meinem Chef. Auf meinem Tisch lag die Akte »Organisation Frühjahrs-Schrothkur Herr Dr. Stanz«.

Manager halten die meiste Zeit des Jahres nichts von gesunder Ernährung. Sie gehen lieber ein Dutzend Mal am Tag an die Keksdose im Sekretariat, um dann nebst Krümelspur wieder in ihrem Büro zu verschwinden. Alle Big shots werden zu kleinen zahmen Naschbären sobald Schokokekse oder Gummitiere auf dem Schreibtisch stehen. Damit kann man sie kurzfristig in Schach halten. Die meisten haben einen Hang zu Pfefferminz. Herr Dr. Stanz war der Typ »After Eight« – Schokolade fürs Nervenkostüm und Pfefferminz gegen Mundgeruch. In harten Phasen schob er auch gern einmal drei Täfelchen gleichzeitig in den Mund, inklusive Tütchen, das noch am mittleren hing.

Das Gewichtsthema ist ein sehr sensibles, es betrifft die Eitelkeit. Leider machen späte Geschäftsessen und Minibar-Attacken nachts im Hotel vor keinem noch so durchtrainierten Chefkörper halt. Irgendwann neigt jeder zum Waschbärbauch und endet bei der Diät.

Dann gilt auch hier: Wenn schon, denn schon, ganz oder gar nicht. Ein Mal im Jahr auf Null. Schrothkur. Eine echte Herausforderung für jeden harten Kerl, für den ganz radikalen Macher und ein vortreffliches Smalltalk-Thema beim nächsten Round

Table. Chefs lieben Zahlen. Sie würden nie sagen: »Ich habe doch tatsächlich etwas abgenommen«, und sich dabei anerkennend über die Hüften streichen. Sie sagen: »Ich konnte 8,5 Kilogramm in fast 16 Tagen abnehmen, An- und Abreisetag mitgerechnet.« Dem muss der Vorstandskollege erst einmal eine ähnlich präzise Äußerung entgegensetzen können.

Also Herr Dr. Stanz. Schrothkur. Hotel und Ärzte kannten mich bereits aus früheren Jahren, sodass ich den dreiwöchigen Kuraufenthalt meines Chefs zwischen zwei Meetings gut nebenbei abwickeln konnte. Die routinemäßige Frage nach dem derzeitigen Kampfgewicht von Herrn Dr. Stanz zur Vorbereitung der Patientenakte glaubte ich mit einem kurzen Anruf sofort und exakt klären zu können. »Geht ganz schnell, bleiben Sie bitte in der Leitung.«

Vor Jahren hätte ich mich nicht so weit in die Intimsphäre meines Chefs vorgetraut. Die Frage nach dem Gewicht hat für uns Frauen ja sowieso noch eine ganz andere Dimension, die wir beim Arzt nur wahrheitsgemäß beantworten, wenn keine Sprechstundenhilfe mit im Raum ist. Hier wusste ich, dass Herr Dr. Stanz mir vollste Befugnisse erteilt hatte. Ich war eine der Sekretärinnen, die neben so vielen anderen auch die Zusatzqualifikation »Weight Watcher« hatte. Schließlich waren mir Schuhgröße und Kragenweite ebenfalls bekannt.

Mir war leider entgangen, dass sich zeitgleich die gesammelte Schar der Vorstandskollegen durch die Hintertür direkt ins Büro meines Chefs begeben hatte. Spontan. Vertraulich.

Herr Dr. Stanz fand es immer besonders elegant und fortschrittlich, lediglich lässig auf den Lautsprecherknopf zu drücken statt umständlich den Hörer von der Gabel zu heben, wenn ich anrief. Das hatte etwas von a) Ich habe nichts zu verbergen und b) Ich weiß, wie man mit moderner Technik umgeht.

»Herr Dr. Brüggenhagen möchte für die Schrothkur wissen, ob Ihr derzeitiges Gewicht noch über 95 Kilogramm liegt und was die Untersuchung der Cholesterinwerte bei Ihrem Hausarzt ergeben hat.«

Erst beim schallenden Gelächter, das durch die zwei ledergepolsterten Türen zu mir drang, habe ich mir auf die Zunge gebissen. Genauso gut hätte ich diese Frage ans schwarze Brett heften oder an die Bunte verkaufen können. Vorgespräche medizinischer Natur habe ich fortan immer kommentarlos direkt durchgestellt.

Die Kenntnisse über intime Einzelheiten des Privatlebens meiner Chefs habe ich eigentlich nie ausgenutzt. Na ja, in extrem schwierigen Phasen habe ich mich höchstens dazu hinreißen lassen, dem Chef einen Zettel in sein Meeting mit den Vorstandskollegen zu reichen, auf dem in Schriftpunktgröße 14 geschrieben stand, dass die Lern- und Entwicklungstherapeutin seines Sohnes dringend um Rückruf bitten würde. Das vorschnelle Zusammenfalten dieser Nachricht mit verstohlenen Blicken zum Nachbarn zur Linken und zur Rechten gab mir irgendwie ein gutes Gefühl. In solchen Situationen geht man auch gern das Risiko ein, für unprofessionell gehalten zu werden. Denn solche Aktionen sind indirekte Schüsse, die ein imaginärer Revolver tief im Innern einer verletzten Sekretärinnen-Seele abgibt. Und wir sind Frauen. Wir ballern nicht sinnlos drauflos, wir arbeiten mit Schalldämpfern und geben nur gezielte Schüsse ab.

Wie und mit welchen Vorsätzen auch immer, irgendwann werden Chef und Sekretärin zum »großen Ganzen«, zum Einzeller. Über Vertraulichkeit und Verschwiegenheit wird nicht mehr nachgedacht, denn beides ist selbstverständlich, gehört zur Qualifikation. Für den CEO ist die Sekretärin ein zusätzliches Organ, ein dritter und vierter Arm, ferngesteuert von Reflexen des CEO-Hirns. Gute Sekretärinnen führen das aus, was Chef gerade denkt, ohne Umweg über den Dialog.

Wenn wichtige Meetings auf 13.00 Uhr gelegt werden, stellt er fest: »Wir haben heute keinen Appetit.« Und sie fragt nicht warum und lässt sich von der Kollegin einen Joghurt aus der Kantine mitbringen. Denn: Lunch is for Losers.

Irgendwann hört man auf sich aufzuregen und die E-Mails der Mädels zu lesen, die der vielreisende Chef in den letzten

Monaten kennen gelernt hat. Es gibt immer wieder solche, die sich der Illusion hingeben, ihr Held ausschließlich und höchstpersönlich würde seine E-Mails öffnen und die Firmenadresse sei vertraulich genug. Ist sie auch. Ein teilnahmsloses »Da stehen noch zwei, drei E-Mails für Sie im Eingang« und ein Blick über den Brillenrand reichen, und die Lage ist geklärt.

Irgendwann macht man sich als Assistentin genauso wenig Gedanken über vertrauliche Informationen wie der Chef selbst. Es gibt Dinge, die man kurzzeitig wahrnimmt, die man aber nicht unbedingt im Kopf behalten möchte.

Schließlich hat eine Sekretärin so viele andere Dinge im Kopf. Sie begleitet die Sprösslinge des Chefs über deren Kindheit und Pubertät hinaus mit diversen Unterstützungsmaßnahmen: von der Hüpfburg-Anmietung, Versorgung mit Malblöcken und Eddings aus dem Büromaterial-Fundus, Eingabe des Hockey-Trainingsplans in Excel, Organisation des Internataufenthaltes, Eventmanagen des 18. Geburtstages bis hin zum Kaufen, Anmelden, Versichern des ersten PKW und zur Gestaltung der optisch einwandfreien Bewerbungsmappe. Alle während dieser Lebensstationen anfallenden Post- und Paketsendungen inbegriffen. Für die ganze Familie. Über die hausinterne Poststelle. Kostenlos für den Versender, nicht für die Firma.

Die Sekretärin besorgt die Außenlichterkette für den Weihnachtsbaum im Vorgarten des Ferienhauses in Colorado. Sie macht der Gattin einen Krampfader-Verödungs-Termin beim besten Venenspezialisten der Stadt und prüft anschließend, ob die Krankenkasse nicht wenigstens die Kosten für den Kompressionsverband übernimmt. Sie organisiert mindestens zweimal im Jahr komplette Urlaubsaufenthalte für die Familie. Sie macht zwei Zustellbetten im Hôtel de Russie in Rom möglich und reserviert eine Woche im Voraus das komplette Freizeit- und Abendprogramm am Urlaubsort. Sie schickt den Fahrer los, um Schwimmflügelchen und Sonnencreme mit Lichtschutzfaktor 25 zu besorgen.

Zugegeben, in dieser ausgeprägten Form – dafür aber wirklich genau so – habe ich das nur zweimal erlebt. So betreuungsbedürftig und so schlecht wie ihr Ruf sind nicht alle Chefs. Erstaunlich ist immerhin, dass diese Art der Inanspruchnahme der Sekretärin nicht nur in den Vorstandsetagen großer Unternehmen, sondern mitunter auch gern bei den Zweitligisten, auf Geschäftsführerebene mittelständischer Unternehmen vorkommt.

In solchen Fällen kann man höchstens versuchen, zum Wohle der Firma vorausschauende Schadensbegrenzung zu leisten, indem folgende »persönlich/vertraulich« gekennzeichneten Dokumente aus der Eingangspost gleich in den Papierkorb wandern: »Die Wellness-Oasen dieser Welt«, »Handgefertigte Herrenoberhemden«, »Edle Tropfen aus alten Fässern«, »Unentbehrliches für den Golfer und den Segler«, »Es wird Sommer/Die neuen Coupés«, »Antiquitäten aus und für die Ewigkeit«. Solche Verlockungen gehören nicht in gestresste Managerhände. Denn sonst bleiben sie dort, werden sofort gesichtet, und finden ihren Weg mit der Mission »Ich hätte gern« ins Vorzimmer zurück.

Eigentlich möchten wir nichts lieber, als zusammen mit unseren Chefs den Börsenwert des Unternehmens steigern. Und am Ende helfen wir ihnen doch nur beim Auffüllen des heimischen Weinkellers.

Nun kann man natürlich mit Recht behaupten, dass ich das ja schließlich alles freiwillig gemacht habe, auch wenn es vorher nicht im Arbeitsvertrag stand, geschweige denn in der Arbeitsplatzbeschreibung.

Ist diese private Inanspruchnahme auf Firmenkosten eigentlich legal? Sie wird auch nicht als Nebentätigkeit angemeldet. Wo liegt die Grenze? Sekretärinnen stellen die einzige Berufszunft dar, bei denen sich zu diesem Thema niemand wirklich Gedanken macht. So etwas wird nicht auditiert. Es macht sich höchstens in der Fluktuationsrate im Vorzimmer bemerkbar.

Warum wird ein Vertriebsvorstand von Aufsichtsrat und Medien erschlagen und vorzeitig in den Ruhestand geschickt, weil er Konzernmitarbeiter als Bauhelfer für das Haus einer Freundin nach Mallorca schickt? Niemand fragt die Sekretärin, wie viele Stunden sie schon Wochen vorher darauf verwandt hat, um die Grundrisse zu kopieren oder Prospekte für die Marmorplatten zu besorgen? Jedenfalls nehme ich das an. Reine Hypothese. Aber sehr wahrscheinlich.

Warum geht es deutschlandweit durch die Presse, dass pensionierte Ex-Manager eines großen deutschen Konzerns darauf klagen, ihre Dienstwagen-Klasse zu behalten und die Überstunden ihres Chauffeurs bezahlt zu bekommen? Fragt irgendjemand nach den Sekretärinnen, die diese ergrauten Ex-Größen weiterhin auf Firmenkosten betreuen müssen? Glauben Sie nicht, dass jemand, der im Ruhestand weiterhin auf Mindest-PS-Stärke und Sonderausstattung beharrt, sich mit einer Halbtagskraft zur Unterstützung des Privatlebens und diverser Beratertätigkeiten zufrieden gibt! Die Sekretärin ist mitunter Bestandteil einer hoch dotierten Ruhestandsvereinbarung, ohne dass jemand sie vorher überhaupt gefragt hätte.

Aber zurück zu den amtierenden Chefs. Warum organisieren wir das Privatleben unserer Chefs und trauen uns nicht, ihnen die Grenzen aufzuzeigen? Irgendwann wissen wir schon selbst nicht mehr, wo die eigentlich liegen. Erst wenn er auf das Bügelbrett zeigt, schütteln wir mit dem Kopf. Zugegeben, manchmal wenn auch selten, war der Chef trotz aller Schwächen so nett und die Kinder so süß, dass Frau wieder nicht nein sagen konnte. Selber schuld.

Vielleicht ist das auch alles ganz normal, wenn auch etwas altmodisch. Wir erinnern uns an die prominente Figur der Hausdame zu Beginn des letzten Jahrhunderts. Haben wir nicht alle gern »Eaton Place« geguckt? Das hatte so etwas Romantisches. Hier regte sich niemand über den Begriff »Dienerschaft« auf. Es gab keine Überstundenregelung. Es gab Klingelknöpfe, wenn der Lord den Tee wollte. Die Welt war noch in Ordnung, ohne Aufsichts- und Betriebsrat. Fast so wie in manchem Vorzimmer von heute.

Damit muss sich auch unser Fahrer getröstet haben, als die Verkäuferin ihm erklärte, dass es keineswegs egal sei, welche Schwimmflügelchen man kaufe.

5. Erektionszeiten – Die Frau an seiner Seite

Optik

Seien wir ehrlich. Es fängt alles mit der Optik an – vom Foto auf der Bewerbungsmappe bis hin zum lackierten Fußzeh. Es gibt keine geschlechtsneutrale Wirklichkeit, erst recht nicht im Vorzimmer.

Dabei haben wir uns heute auf den ersten Blick bereits etwas emanzipiert. Noch vor 20 Jahren stand im Sekretariatskundebuch: »Geben Sie sich auch optisch so frisch und appetitlich wie der Obstsalat, den Sie servieren.« Ich habe mich seither immer standhaft geweigert, für meinen Chef das Obst zu schälen. Mir lag daran, von Anfang an den Unterschied zwischen Büro und Kantine klarzustellen.

Mitunter ist eine Sekretärin – neben Auto und Designergarderobe – für den Chef nichts weiter als ein visuelles Übertragungsmedium für die simple Botschaft: »Ich umgebe mich mit schönen Menschen und Dingen, also bin ich, der Chef, auch schön. Seht her, ich habe es zu etwas gebracht.«

Was heißt das im Umkehrschluss? »Sage mir, was für ein Auto er fährt, und ich beschreibe dir seine Sekretärin«? Muss ich mir also ernsthaft Sorgen machen, wenn ich für einen Chef arbeite, der einen Jaguar fährt und sich einen leicht lasziven Touch durch helle Kroko-Schuhe zu dunkelbraunem Sakko gibt? Wo doch mit ihm sonst alles in Ordnung zu sein scheint?

Was ist los mit den Chefs, wenn sie Macht und Geld in übertriebene Optik umsetzen? Auch bei sich selbst. Wenn sie plötzlich enge Hosen tragen, die schlanke Beine machen und über dem Po leicht spannen. Oder wenn sie aus der Mittagspause kommen und einem unvermittelt nicht wie gewohnt mit nach hinten gefönter Haarpracht, sondern mit nach vorne geschnittenem Pony gegenübertreten. Subtile Signale? Hat er noch etwas vor heute Abend? Ist sie sehr viel jünger als er? Oder liegt es nur an der Midlife Crisis, die Frauen ab 40 ja schon längst überwunden haben?

Da kann Frau schon einmal ins Grübeln kommen. Und weg ist das unbeschwerte Arbeitsklima. Es wabert etwas in der Luft, und plötzlich überlegt man, ob Männer tatsächlich alle 20 Minuten an Sex denken. Und die Sekretärin kriegt diese Gedankenfetzen wie so vieles andere auch als erste ab, schon rein räumlich bedingt.

Wir Frauen sind ja höchst anfällig für optische Signale. In dieser Hinsicht ist mir bei all meinen Chefs nie ein einziges Detail entgangen. Ich kannte genau den Punkt, wo er morgens den Kamm ansetzen musste, um seinen Haarscheitel hinzukriegen. Ich konnte am Krawattenknoten erkennen, ob er sich selbst beziehungsweise wer ihn morgens angezogen haben musste. Mir entging kein noch so kleiner Fettspritzer, den er sich mittags in der Kantine oder beim Business-Lunch geholt hatte. Würde dieser Mensch irgendwann verloren gehen oder entführt werden, so könnte ich eine lückenlose Liste von sachdienlichen Hinweisen für eine perfekte Vermisstenmeldung liefern, die jedes Sondereinsatzkommando und jede Ehefrau verblüffen würde.

Männer dagegen haben eine eher eingeschränkte optische Wahrnehmung. Neue Ohrringe, mit denen ich meinem Mann abends im Restaurant drei Stunden gegenübersitze, fallen ihm frühestens beim Verlassen des Restaurants auf, und dann nur, wenn sie größer als 1-Euro-Stücke sind. Männer beurteilen die weibliche Erscheinung in ihrer Gesamtheit beziehungsweise im Verhältnis der Proportionen und verlieren sich nicht in Details. Es reicht ihnen, wenn sie mit viel Glück Körpermaße und Haarfarbe ihrer Frau und ihrer Sekretärin grob schätzen können.

Und genau da fängt es auch an: Es gibt einen Körper unterm Kostüm. Und irgendwo im hintersten Hirnareal fragt Mann sich, ob die Finger im Bett genauso virtuos wie auf der Tastatur sind. So manches Arbeitsverhältnis wird mitunter zum richtigen Verhältnis. Spätestens seit »Sex in the City« und diversen »Telenovelas« ist dieses Thema gesellschaftsfähig geworden – ganz offen, chic und cool, ziemlich harmlos eigentlich. Aber so ganz realistisch ist das auch nicht. Und spannend schon gar nicht.

Wo sind die geheimnisumwitterten, finsteren, verrauchten Kuschelzellen hinter der Bücherwand des Chefbüros geblieben? Wie viele Cognacflaschen im Safe und Sekretärinnen-Strichlisten unter der Schreibtischunterlage gibt es noch?

Wenige. Dieses Klischee trifft nicht mehr zu. Heute läuft's subtiler und diskreter. Niemand möchte gleich mit einer Affäre in der Zeitung stehen oder von einer schwangeren Sekretärin erpresst werden.

Es fängt mit einem kleinen Stück Büro-Erotik an und bleibt bestenfalls auch dabei: Wenn zehn feuerrote lange Fingernägel teuflisch flink auf die Tastatur losdonnern, das Büro nach Blümchen, Vanille und Frühling riecht oder die Bluse wieder zu heiß gewaschen wurde, sitzt der Chef da und guckt einfach nur. Die Augen und alle damit verbundenen Sinnes- und Körperorgane gehen in die Ferien und erholen sich für eine kurze Zeit von unerotischen Data Sheets und langweiligen Aufsichtsratsbeschlüssen. Und das Beste: Man kann dieses Wesen steuern. Ist es nicht schön, der Sekretärin verstohlen beim Abschlecken der Briefmarken für die Privatpost zuzusehen oder einen Blick in ihren Ausschnitt zu riskieren, wenn sie die Kaffeetassen auf den viel zu niedrigen Tisch der Besucherecke abstellen muss? Lassen wir es ihnen durchgehen. Auch dafür sind wir da. Aber auch nicht für mehr.

Denn es gibt unter den Managern auch in dieser Hinsicht unvorsichtige Exemplare, mit denen die Hormone durchbrennen. Kennen wir nicht alle die Storys über die Männer, die bei firmeninternen Feierlichkeiten zu fortgeschrittener Stunde die schönste Azu-Biene auf dem Schoß sitzen haben oder umgekehrt. »Nüchtern sind Chefs eben schüchtern, aber voll sind sie toll!«, hört man dann. Und ihre Umwelt ist nachsichtig mit ihnen, denn: »Ich bin ja auch nur ein Mann und kein so trockener Knochen, wie man denkt.« Am nächsten Morgen hat man dann verstörte Ehefrauen am Telefon, die auf der Suche nach ihrem Gatten sind und sich beschweren, dass sie schon wieder keine Kopie des Reiseplans bekommen haben.

Es gibt andere Manager, die im nüchternen Zustand und sehr viel unheilvoller versuchen, die Assistentin des verhassten Vorstandskollegen zu vernaschen – vielleicht nur, weil ihnen gerade so danach ist, oder mit Genugtuung und in der Hoffnung, dass das Mädel irgendwann die Frustrationsschleusen öffnet und anfängt zu plaudern.

Im deutschen Management gelten diese hormongesteuerten Annäherungsversuche immer noch als Kavaliersdelikt und in letzter Konsequenz als Privatsache. Man versichert sich, dass ja immer zwei dazu gehören. Und man spricht nicht darüber.

In den USA hat Anfang dieses Jahres eine Gruppe von Mitarbeiterinnen, darunter auch Managerinnen, ihren gemeinsamen Arbeitgeber auf 1,4 Milliarden US-Dollar Schadenersatz wegen sexueller Diskriminierung verklagt. Eine derartige Sammelklage ist die Ausnahme und wurde in diesem Fall von Frauen erhoben, die sich zum Teil auf derselben Hierarchiestufe wie ihre männlichen Kollegen befinden und trotzdem nicht zu Firmenpartys eingeladen wurden, ganz einfach, weil man danach noch den nächsten Strip-Club ansteuern wollte. Das ist schon schlimm genug. Als Sekretärin eines solchen besagten männlichen Kollegen muss man diesen Frauen dann auch noch in den Rücken fallen: Wenn man für ihn und seine Kollegen den Tisch im Strip-Club reserviert, am nächsten Morgen der Ehefrau glaubhaft vermittelt, warum ihr Mann am Vorabend noch kurzfristig auf Dienstreise gehen musste, Aspirin bereithält und alle Termine um vier Stunden nach hinten verlegt. Bekommt das eigentlich jemand mit? Nein, es ist eine ganz andere Wirklichkeit – ein anderer Film, nochmal neu aus der Sicht eines Statisten gedreht. Vieles erscheint dann noch drastischer. Man darf sich darüber nicht zu viele Gedanken machen, oder man muss kündigen. In der Regel sollte die Sekretärin darüber stehen, denn sie weiß, dass in der Vorzimmer-Chefbüro-Welt das Frauenbild grundsätzlich irgendwie verkorkst ist. Hier sind in den meisten Fällen die Frauen- und die

Männerrollen klar zugewiesen. Das Tal der Tränen ist schon durchschritten. Wozu sich noch aufregen über den Chef im Strip-Club? Man ist sowieso eingeweiht in all seine Affären. Peinlich zwar, aber unverrückbar, nicht zu kommentieren. Berufsschicksal.

Im Management stößt die Emanzipation der Frau zuerst im Sekretariat an ihre klar definierten Grenzen. Schon die Aussage »Ich koche und serviere grundsätzlich keinen Kaffee« ist in unserer Wirklichkeit fast revolutionär.

Frauen mit einem anderen Beruf, die die Herren der Schöpfung nicht als Chef, sondern als Kollegen haben, sind im Umgang mit dem anderen Geschlecht sehr viel kompromissloser.

Aber auch im Sekretariat gibt es Grenzen. In letzter Konsequenz kann sich auch eine Sekretärin vom »heißen Feger« zum »heißen Eisen« verwandeln – für die berufliche Karriere und den privaten Frieden des Chefs.

Und im Zweifel und für Notfälle hat sie auch noch ein heißes Eisen mit vollem Kugellager in der Schublade. Gleich neben dem Verteidigungsspray, das in die Handtasche kommt, wenn sie nach 21.00 Uhr das Büro verlassen und allein zur U-Bahn huschen muss.

Sigmund Freud

Wie gesagt, viel schöner sind die alltäglichen, unbewussten, subtilen Verhaltensweisen, die etwas über die Gemütslage des Top-Managements verraten – jenseits der Öffentlichkeit, im verborgenen Bereich des Vorzimmers.

Ich war schon als Kind sehr wissbegierig. Mein Vater prophezeite mir, dass ich im Leben immer nur sehr kurze Antworten zu hören bekommen würde, da bereits ein großer Teil der zur Verfügung stehenden Zeit für meine Fragestellung draufginge. Damit habe ich tatsächlich bisher jeden meiner zahlreichen Chefs zur Verzweiflung gebracht. Aber einer von ihnen war genau auf meiner Wellenlänge, seine Antworten fielen fast so lang wie meine Fragen aus: Herr Kramer, Chemiebranche. Der internationale Handel mit Rohstoffgütern erfordert komplexe Finanzierungs- und Absicherungsmechanismen. Herr Kramer war in seinem Element, lehnte sich souverän zurück.

»Also, dann will ich Ihnen das mal erklären. Frau Münk, Sie werden auch im Day-to-day business beobachten können, dass unser Geschäft extrem short getermt ist und daher extrem kurze Erektionszeiten erfordert. Das Hedging ist nur ein Beispiel.«

Halt! Bitte zurückspulen. Ich muss geguckt haben wie Ally McBeal, die wieder einmal versucht, einen ihrer zahlreichen imaginären Plagegeister loszuwerden. Hatte ich jetzt gerade die Reaktions- zur Erektionszeit gemacht, oder hatte er tatsächlich gesagt, was ich gehört hatte? Was war mit mir los?

»Frau Münk, haben Sie etwas nicht verstanden?«

»Oh nein, bitte weiter.« Ich machte eine wegwerfende Handbewegung, als wolle ich mir Luft zufächeln.

Es lag nicht an mir. Er wiederholte sich noch zweimal, Erektions- statt Reaktionszeit. So souverän, so selbstverständlich und von geschäftlichem Elan beseelt. Ich weiß bis heute nicht, ob er mich aus der Reserve locken wollte oder ob sich dieser »Fachbegriff« in den legendären, nur von Männern besetzten Handels-Meetings schon fest etabliert hatte.

Vor Jahren legte einer meiner Lieblingskollegen einen bühnenreifen Versprecher hin: In Momenten höchster Anspannung und Erregung, bei Vorträgen oder Meetings, entwickelte sich bei Herrn Holmstedt in Sekundenbruchteilen eine nicht zu übersehende Anzahl von kleinen roten Pünktchen am Hals, in schlimmen Fällen bis hinter beide Ohren. Daraufhin machte Herr Holmstedt den schicken, schlichten, schwarzen Rollkragenpulli in unserer Firma gesellschaftsfähig. Eines Tages also im Meeting: »Herr Holmstedt, wir benötigen bis morgen sämtliche Profile unserer Top-Priority-Kunden. Können Sie das übernehmen?«

Lässig in Wollschwarz: »Null problemo. Das kann ich gleich heute Nachmittag onanieren.«

Ups, schon war es raus das Wort, mit einem Blick als hätte er gerade eine fette Fliege verschluckt. An seinem oberen Rollkragenrand begann es rot zu leuchten.

Die Kollegen inklusive Chef lagen vor Lachen unter den Tischen. Herr Holmstedt hat dann irgendwann mitgelacht. Die einzige Reaktion, die ihn retten konnte.

Pay TV

Jede Sekretärin mit ein paar Jahren Berufserfahrung kennt die saloppe Geste der Chefs, wenn sie von ihren Reisen heimkehren und ein unansehnliches Bündel von zerknitterten Belegen nonchalant auf den Schreibtisch feuern: Reisekostenabrechnung – Rekonstruktion des Kostenverlaufs mit selten vollständigem Basismaterial. Auf wie viele Reisekostenabrechnungen kommt man bei neun Chefs in 18 Jahren und einer durchschnittlichen Reisequote von zwei Reisen an dreieinhalb Wochentagen? Ich möchte es gar nicht wissen. Reisekostenabrechnung – allein das Aussprechen des Wortes macht schon Mühe. Ein notwendiges Übel. Ich hasse es.

Aber unseren Chefs geht es nicht anders. Keiner von ihnen geht gern auf Reisen.

In den Top-Management-Positionen muss man mit häufigen Abwesenheiten aufgrund von Reisetätigkeit leben. Das Leben aus dem Koffer stresst, und jeder CEO hat so seine eigene Art und Weise damit klarzukommen und sich kurze Phasen der Regeneration zu gönnen. Viele schwören auf konzentriertes Tai Chi morgens um 7.00 Uhr auf der Hotelterrasse. Das macht sich bei jedem Pressetermin gut, wenn gefragt wird: »Wie halten Sie sich fit?«

Aber gibt es etwas Schöneres als nach einem hektischen Tag in einer fremden Stadt abends im Hotelbett einfach ein schönes Buch aufzuschlagen oder sich in der Wellness-Abteilung des Hotels eine gesunde Massage zu gönnen? Das jedenfalls meinen Frauen. Männer auf Reisen sehen das anders. Sie lassen am Ende des Tages die Hoteltür ins Schloss und mit ihr jegliche Etikette hinter sich fallen und ziehen erst einmal die Hose aus. Dann gönnen sie sich einen kurzen Ausflug durch die Minibar und: schalten den Fernseher ein, wenn sie es nicht bereits vorher getan haben. Tai Chi hin oder her. Aufsichtsräte, Vorstandsvorsitzende und Geschäftsführer geben hier jegliche Unterscheidungsmerkmale auf. Früher oder später landen sie fast alle vor der Glotze, und so manches Mal beim Pay TV-Sender. Ich kann mir nicht vorstellen, dass sich Mann dort einen Oscar-prämierten Kinofilm anschaut. Wo doch seine Frau nach all den Jahren jegliche Überzeugungsarbeit aufgegeben hat und schon längst nur noch mit ihrer Freundin ins Kino geht.

So fern der Heimat ist das mit dem Pay TV an sich noch nicht dramatisch. Wir Frauen müssen das ja nicht verstehen. Aber wer bezahlt so etwas? Ist es nicht völlig egal, ob der Chef noch einen imaginären Geschäftspartner mit zwei Edel-Cognac an der Bar bewirtet oder sich ohne Folgen für die Außenwelt für die Hälfte des Budgets im Zimmer verwollüstigt?

Ja, ich weiß. Noch vor zehn Jahren wurde für Geschäftsfreunde ein Riesenbudget für ganze Eventaufenthalte im Rotlichtviertel aufgewandt und abgesetzt. Es war ja für einen guten Zweck. So oder so.

Richtig schön ist es nur bei den völlig harmlosen, halbherzigen und daher fast schon peinlichen Ausflügen in die Sex-Welt, protokolliert auf der Hotelrechnung. Einmal ganz allein und ganz bei sich selbst sein. Völlig inkognito und völlig gefahrlos, wenn man nicht gerade dann vom Herzinfarkt überrascht wird. Und in letzterem Fall würde die Sekretärin auch noch die Kosten für den Sanitäter und den Heimtransport völlig diskret abwickeln.

Herr Tulny schaute ungläubig auf die Endsumme seiner Reisekostenabrechnung:

»Sie kommen ja auf einen ganz anderen Betrag als ich in meiner Vorkalkulation.« Zugegebenermaßen handelte es sich bei Herrn Tulny auch in dieser Hinsicht um ein außergewöhnliches Exemplar. Welcher Vorstand veranstaltet schon Vorauskalkulationen der von der Firma zu erwartenden Reisekostenrückzahlungen? Aber so ist es geschehen.

Ich kreuzte meine Arme vor der Brust: »Herr Tulny, Sie können doch unmöglich die Tagespauschalen bereits mit den Bewirtungen verrechnet haben. Natürlich kommen Sie mit Ihrer Überschlagsrechnung nicht auf denselben Betrag. Irgendwo habe ich doch auch noch meine Daseinsberechtigung. Sonst könnte ich mir die Abrechnung sparen.«

Herr Tulny hörte mir nicht zu und hatte sich bereits in die Kalkulation versenkt. Sein Zeigefinger schnellte in die Höhe: »Ha! Ich hab's. Hier, die Hotelrechnung aus London. Da haben Sie gar nicht den ganzen Betrag eingesetzt! Und ich hatte doch nichts aus der Minibar.«

Ich räusperte mich und zeigte mit dem Finger auf die Position Pay TV: »Das ist eine Kostenart, die Sie selbst tragen müssen.«

Herr Tulny wurde noch nicht einmal rot: »Ja, schon. Aber so wie Sie das da herausrechnen, springt doch jede Maus in der Buchhaltung sofort darauf an. Wie sieht denn das aus!«

»Herr Tulny, beim nächsten Mal könnte man über derartige private Kosten bei der Rezeption eine getrennte Rechnung auf eigenen Namen verlangen.«

Wir alle kennen den Witz, wenn auf Reisen die Kollegen laut durch die Hotel-Lobby grölen: »Hey, du musst noch dein Pay TV bezahlen!« Das wusste doch nun wirklich jedes Kind. Nur Herr Tulny nicht.

Für ihn war die Sache klar: »Nun rechnen Sie das mal schön wieder rein, und beim nächsten Mal mach' ich's dann anders.«

Beim nächsten Mal hat er dann eine getrennte Rechnung über »Multimedia« eingereicht. Auf Firmenkosten. Aber er machte nach der Rückkehr immerhin einen körperlich und seelisch erleichterten Eindruck, der einen Tag anhielt.

Nicht nur Männer, auch Frauen haben ihre Vorlieben. Stellen wir uns nicht manchmal die Frage, warum eine nicht gerade Sympathie oder Erotik versprühende Sekretärin alter Schule ihren Schützling so im Griff hat? Aus dem Umfeld dieser Dame verschwinden junge Assistentinnen in zu heiß gewaschenen Blusen so schnell, dass man kaum hinsehen kann. Vielversprechendes weibliches Potenzial mit klugem Kopf kündigt irgendwann freiwillig die Zusammenarbeit mit ihr.

Und Chef merkt nichts und ist völlig auf »seine rechte Hand« ausgerichtet. »Ich tue alles, was Sie sagen. Sie sind die Herrin meiner Termine. Und ich freue mich, wenn Ihr Weg Sie nach einstündiger Zigarettenpause irgendwann wieder zu mir führt.«

Und da ist sie wieder – die Stimme, die sich am Kopierer von hinten zu mir herüberbeugt: »Ich wette, sie trägt unterm Tweed Latex und peitscht ihn abends aus. Oder frühmorgens. Damit er tough und erbarmungslos den Tag bestreiten kann.« Ich stellte mir schmunzelnd die neunschwänzige Katze im Schrank hinter den Regenschirmen vor. Helga und ich trennten uns kommentarlos. In jeder überzogenen Vorstellung liegt im Ansatz etwas Wahres.

Die Erotik der Macht – ein Erklärungsversuch

Und seien wir ehrlich. So ein bisschen Bestätigung als Frau braucht man ja auch tagsüber. Oft reicht es ja schon, wenn man durch die morgendliche Auswahl der Garderobe die Blicke der Chefs noch lenken kann. Aber wie dosiert man den beiderseitigen Hormonhaushalt auf ein unverfängliches Mittelmaß?

Frau muss wissen, wo die Ursachen der Anziehung liegen. Wieso freuen wir Sekretärinnen uns darüber, wenn unser kleiner Kugelblitz aus dem Chefbüro auf unsere Beine schaut? Und wieso bemerken wir dasselbe nicht im Falle des Auszubildenden am Kopierer, der aussieht wie Tom Cruise in jungen Jahren? Lockt uns Sekretärinnen tatsächlich die viel zitierte Macht eines Top-Managers, auch wenn der Machtinhaber kaum noch Haare hat und einem nur bis zur Schulter reicht? Die Antwort ist erschreckenderweise ja, denn wir suchen biologisch bedingt und unbewusst nicht den Schönling, sondern eher den wohlhabenden und dominanten Mann, der reichlich Babybrei anschleppen kann und somit Nachwuchs und Überleben sichert. In der Tierwelt reichen ja mitunter auch schon ein opulentes Geweih oder rote Punkte am Gefieder, um bei den Weibchen zu punkten.

Das Problem ist nur, dass ein CEO im Schnitt bereits zwei Kinder hat, wenn er uns einstellt, und dass er es mit den Frauen manchmal eher wie die Biene mit den Blumen hält. Für die Frau im Vorzimmer allerdings ist Sex mit dem Chef ein Überlebensrisiko. Bei uns stirbt das Weibchen den Liebestod, anders als bei den Spinnen und Gottesanbeterinnen.

Erinnern wir uns: Fanden wir Mädels nicht früher im Sandkasten schon die bösen Jungs irgendwie interessant, obwohl oder eben weil sie unsere Sandburgen zertrampelten oder die Gummi-Twist-Bänder an den Kniekehlen von hinten durchschnitten? Früher saßen sie in der Schule in den coolen hintersten Reihen – heute sitzen sie immer noch genauso cool in der ersten Reihe, Chefetage. Und sie sind dabei nicht braver geworden.

Warum fallen wir auf solche Paviane herein? Der amerikanische Soziologe John Levi Martin hat in den siebziger Jahren herausgefunden, dass Frauen überraschenderweise denjenigen Mann am attraktivsten finden, zu dem sie zusätzlich noch in einem direkten Abhängigkeitsverhältnis stehen. Ein Genrelikt aus längst vergangenen Höhlenzeiten scheint sich da immer noch in uns zu verwirklichen, ob wir wollen oder nicht.

Auch Männer suchen sich laut dieser Studie zwar intelligente, hübsche Frauen, aber bitte nicht mächtiger als sie. Fragen Sie umgekehrt einmal Frauen in Führungs- und Machtpositionen nach deren objektiven Heiratschancen. Da sind wir Sekretärinnen schon eher das gefundene Fressen: Die große Welt ist uns nicht fremd, aber wir sind dennoch nicht so ganz Teil von ihr und würden uns deshalb auch zu Hause bei den Kindern wohlfühlen. Oder kennen Sie etwa einen Chef, der seine Vorgesetzte geheiratet hat?

Die Tatsache, dass mein letzter CEO mich eingestellt hat, damit ich mich nahtlos in die lange Serie der langbeinigen, blonden oder blondierten Vorgängerinnen einreihen konnte, war ja schon einmal ein Ritterschlag in puncto optische Qualifikation.

Er war auch derjenige, der sich Werbefotos von »sexy blonden Endkonsumentinnen« ins Büro hängte und sich nur wunderte, dass ich mich für mein Büro für Schwarz-Weiß-Porträtaufnahmen von Anton Corbijn entschied, auf denen die Männer eher Sean Penn als Roger Moore ähnelten.

»Ich mag es eben eher rau und crunchig und stehe nicht so auf Gucci«, habe ich meinem schicken Chef vielsagend zugeraunt. Klärung der Fronten und Vorlieben. Wehret den Anfängen. Seitdem gaben wir eine prima Arbeitsgemeinschaft ab.

Aber so einfach ist es nicht immer. Warum wird aus der Arbeits- trotzdem manchmal eine Bettgemeinschaft? Ist es wirklich so reizvoll für eine Sekretärin, dieses letzte Achtelstück vom Kuchen auch noch zu kosten, wenn man doch schon das komplette Privatleben und alle charakterlichen Facetten des Chefs kennt? Das ist fast so, wie wenn man mit dem Sandkastenfreund oder dem besten Kumpel irgendwann doch einmal eine Nacht verbringt, weil es nun mal ohne Sex auf Dauer nicht geht. Und man macht das dann auch meistens nie wieder.

Alles reine Hypothese. Sicher ist dagegen, dass viele meiner Big shots im Grunde ihres männlichen Herzens ein katastrophales Frauenbild hatten. Frauenbeweger waren sie – ob privat oder im Vorzimmer – bestenfalls im Sinne von »Ich hätte da gern …«.

Meistens haben sie irgendwann einmal eine Frau geheiratet, die zu 100 Prozent aus Optik besteht. Mit ihr bekommen sie was sie sehen, aber auch nicht mehr. Vielleicht wollen sie in ihrem so knapp bemessenen Privatleben auch gar nicht mehr. Sie brauchen am Ende eines entbehrungsreichen Top-Management-Tages eigentlich nur Nahrung und körperliche Wärme. Einige wenige Manager gehen in puncto Ehefrau den anderen Weg. Sie entscheiden sich für Frauen mit eigener repräsentativer Karriere, die selten zu Hause sind. Das allerdings hilft dem Testosteronhaushalt auch nicht wirklich. Und hier schließt sich der Kreis, und wir sind wieder bei der Frau für den Tag, der Sekretärin – oft die einzige Konstante, und das ab 8.00 Uhr morgens.

6. Isolationshaft – Einsamkeit mit eigenem Fahrstuhl und Koch

Herr Dr. Stanz stand am nicht zu öffnenden Fenster. Die Hände tief vergraben in der Hosentasche. In sich versunken. Mit einem merkwürdig abwesenden Blick auf Frankfurts Skyline, zum zugebauten Horizont. Die Gesichtsfarbe etwas fahler als sonst und die Stirn in Falten. Von seinen Augen waren in solchen Momenten nur noch zwei Schlitze zu sehen, wie bei einer Kamera, bei der die Blende für Detailaufnahmen in der Ferne ganz klein eingestellt werden muss.

Frau Dr. Stanz wäre in solchen Momenten auf ihn zugetänzelt und hätte gefragt: »Schatz, woran denkst du gerade?« Und aus der Traum. Solche Fragen sind der Anfang vom Ende einer Ehe. Entweder weiß man als Frau, was Mann in bestimmten Momenten gerade denkt, oder – wenn nicht – fragt man nicht danach. Man lässt den Mann einfach denken. Diese Momente sind kostbar, denn sie sind selten. Damit will ich nicht sagen, dass Männer nicht denken, aber sie nehmen sich viel zu wenig Zeit dafür. Bei uns Frauen reicht da schon ein nett dekoriertes Schaufenster zum Innehalten und zur völligen Konzentration auf das Wesentliche. Mal so eben zwischendurch.

Haben Sie schon einmal einen Chef zu einem Kollegen oder Geschäftspartner sagen hören: »Lassen Sie mich mal nachdenken«? Undenkbar. Zeichen von Entscheidungsschwäche, mangelnder Dynamik, schlimmstenfalls eine sich ankündigende Altersdemenz.

Männer haben deswegen einen Hang zum spontanen Agieren. Zum Analysieren und Nachdenken sind Meetings und Klausurtagungen da. Oder das Glas Rotwein am späten Abend zu Hause. Aber um Himmels willen nicht so zwischendurch an einem Arbeitstag mit vollem Terminkalender.

Aber hier war er, der Moment. Ich hatte Herrn Dr. Stanz

beim Nachdenken erwischt. Am helllichten Tage. Kontemplation am Fenstersims.

Nein, ich versetzte ihm nicht von hinten einen Stoß in den Rücken durchs Fenster. Ich ließ ihn stehen, wo er war, schloss die schwere Ledertür wort- und lautlos von außen und fragte den Anrufer in der Leitung, ob wir uns ein paar Minuten später melden könnten. Das nannte man in meiner Ausbildungszeit »Freiräume für Führungsaufgaben und kreative Phasen schaffen«. Hier sind wir beim therapeutischen Element im Beruf einer Sekretärin.

Ich bin mir heute nicht mehr sicher, ob Herr Dr. Stanz das eigentlich immer so wollte. Vielleicht wollte er einfach nur in den Arm genommen werden – »Ach, Stanzi, was hast du denn? Es wird schon alles irgendwie wieder gut. Jede Krise trägt etwas Gutes in sich. Du schaffst das schon.«

Aber ich tat das Gegenteil. Ich schirmte ihn in solchen Momenten hermetisch ab, ließ ihn allein und schloss die gepolsterte Ledertür hinter ihm. Isolationshaft. Geschlossene Station. Keimzelle für einsame Entscheidungen statt für kreatives Brainstorming.

Da stand er in seinem Büro wie der berühmte Vogel im goldenen Käfig, auf der gepolsterten Stange, der sich jeden Flügelschlag überlegt.

Der Raum repräsentativ, Design gepaart mit Tradition. Cooles Anthrazit kombiniert mit warmen Holztönen auf naturfarbenem Velours. Ich hatte in der Einrichtungsphase versucht, unauffällig ein paar Feng-Shui-Akzente zu setzen.

Aber an solchen Tagen war ich mir nicht sicher, ob Herr Dr. Stanz jetzt gerade wirklich von fernöstlichen Schwingungen beseelt war oder vielmehr von der Last der Verantwortung für die geplante Neuausrichtung der Hauptproduktlinie.

Auf dem Gipfel pfeift der Wind, und es ist einsam.

Er hatte versucht, ein paar persönliche Gegenstände mit in seine Zelle zu nehmen. Dazu hatten ihm die Kollegen der Corporate Communication geraten. Bei kurzfristig angesetzten Fotoshootings am Schreibtisch musste man dann diese nicht erst umständlich beschaffen und abstauben. Im Falle von Herrn Dr. Stanz war das nicht etwa ein silberner Tischrahmen mit dem Bild seiner Frau und den Töchtern. Auch kein provokatives Erzeugnis moderner Malerei. Nein, er hatte sich für ein Bull&Bear-Pärchen aus Bronze entschieden. Das Geschenk eines guten Freundes aus New York. Also privater Ursprung, aber geschäftlicher Bezug. Eine unverfängliche und damit ideale Kombination. Und irgendwie passte es wirklich zu ihm. Ich habe allerdings immer befürchtet, dass diese Teile in einsamen Momenten höchster Anspannung eines Tages als Wurfgeschosse in Richtung Fenster zum Einsatz kommen würden. Ich hatte die Schlagzeile oft vor Augen: »Passant durch vom Himmel fallenden Bären erschlagen. Aus Einsamkeit.«

Aber genau genommen ging es mir ja nicht besser. Er saß in seiner Zelle, ich in meiner. Zwischen uns 20 Zentimeter Schaumstoff in der Tür. Wie aus einem Film von Stanley Kubrick.

Das fing schon morgens an, wenn uns der gläserne, nur für die Vorstandsetage reservierte Aufzug schnell und schusssicher in den zwölften Stock brachte. Lautlos und antiseptisch, wie in Watte gepackt. Hier traf man nur auf Menschen mit ähnlichem Schicksal, Vorstände oder Vorstandsassistentinnen.

Es geht doch nichts über morgendliche Fahrstuhlgespräche eines bunten Bürovölkchens der dritten und vierten Führungsebene, das einem auf die Füße tritt und einen Schwall von Wortfetzen und Gerüchen hinter sich zurücklässt. Das inspiriert für den Tag und macht hellwach. Kein firmeninternes Gerücht, das man hier nicht erfahren würde. Über »Fahrstuhlgespräche« könnte man ganze Bücher schreiben.

Aber dieses bunte Treiben war uns Vorstandsassistentinnen nicht vergönnt. Wir kamen morgens aufgeräumt und schweigend aus dem Aufzug. Unser Privileg war in Wirklichkeit eine Strafe. Und ich möchte wetten, dass unsere Chefs dies im tiefsten Innern ihres Herzens auch so empfunden haben.

Aber wir durften zumindest mittags die Station kurzzeitig verlassen. Da gibt es noch ganz andere Fälle: Im Vorstellungsgespräch für einen Vorstandssekretärinnen-Job bei einem großen Unternehmen in Süddeutschland fragte mich der Personalleiter unvermittelt:

»Was halten Sie von Kantinenessen?«

Ich schaute ihn etwas ratlos an. Ich war auf alle Fragen vorbereitet, aber nicht auf diese. Wurde das jetzt ein Test im Sinne von »Wie gastronomiesicher ist sie?« Oder war das die getarnte Frage nach meiner sozialen Ader und meiner Kommunikationsstärke?

Ich entschied mich für die zweite Annahme: »Oh, ich finde, es ist wichtig, dass einen die Kollegen von Anfang an kennen lernen, nicht nur hinter dem Schreibtisch.«

Durchgefallen. Er rückte näher an mich heran, als wolle er mir ein Geheimnis verraten: »Das sehen die Herren hier nicht so gern. Gehen Sie mittags gern raus?«

Was um Gottes willen sollte das hier werden? Ich antwortete trotzdem wahrheitsgetreu: »Wissen Sie, bei dieser Position rechnet man nicht wirklich damit, um 18.00 Uhr Dienstschluss zu haben. Wichtige Banken- und Postgänge erledige ich immer gern schnell in der Mittagspause. Und etwas frische Luft tut ja auch gut, nicht wahr?«

Mir wurde langsam mulmig. Irgendetwas stimmte hier nicht.

Seine Stimme wurde dunkler und leiser: »Frau Münk, hier wird erwartet, dass die Vorstandssekretärinnen zeitgleich mit den Herren ihr Essen am Arbeitsplatz einnehmen. Der Koch des Vorstandskasinos kocht übrigens vorzüglich.« Er klimperte vielsagend mit den Augen.

Genauso gut hätte er sagen können »Ich schicke Sie in die Hölle, aber die Temperatur ist regulierbar.« Geschlossene Station mit Zwangsspeisung der Patienten. Nein, danke.

Ich verstand das Signal und verabschiedete mich anschließend nett und dankbar für diese kleine Information, die exemplarisch für so viele andere Dinge stehen mochte, die ich jetzt nicht mehr erfahren wollte. Ich musste das »Vorzimmer« nicht auch noch zum »Speisezimmer« machen.

Und überhaupt, das »Vorzimmer«. Ich liebe diesen Begriff – wie ein Relikt aus grauer Vorzeit, das sich hartnäckig hält. Er umschließt die ganze Geschichte unseres Berufsstandes. Geben Sie mal den Begriff »Vorzimmer« in eine Internet-Suchmaschine ein. Da kommt dann in rot-kursiv »Meinten Sie Wohnzimmer?«. Ansonsten gibt es höchstens noch Verweise auf Websites aus dem Bereich der Innenarchitektur: »Das Vorzimmer war vor Renovierung des Hauses ein eher kalter Raum mit alten Bodenfliesen und Durchgangscharakter.«

So ganz Unrecht hat die Suchmaschine dennoch nicht. In vielen Fällen handelt es sich beim Vorzimmer um eine coole, reibungslos funktionierende Schaltstelle. Organisiert und durchgeplant – vom Aspirin und Hansaplast in der zweiten Schreibtischschublade von oben/hinten rechts, bis hin zu den virtuellen Stadtplänen aller europäischen Großstädte als »Favourite« im Internet-Organizer. Parat in Sekundenbruchteilen. Absolut pannensicher, mit einer Lösung für alle Eventualitäten des Top-Management-Alltags.

Abends landen alle Vorgänge wieder hinter verschlossenen Schranktüren. Leere, glatte Arbeitsflächen. Zurück bleibt höchstens das eigene Parfum. Aber auch das verflüchtigt sich schnell. Dann riecht es höchstens noch nach Drucker, wenn die letzte 38-Seiten-Präsentation wieder einmal als sechsfacher Print-out benötigt worden war.

Es gibt ansonsten nur noch das andere Extrem: Schreibtische, auf denen sich Arbeit und die Ablage der letzten Monate häuft. Kreatives Chaos. Der Eiffelturm als Bleistiftanspitzer gleich neben dem Telefon. Am PC Figuren aus dem Überraschungsei, Wasserflaschen am Tischbein, Topfpflanzen auf der Fensterbank neben dem Transistorradio. Urlaubskarten am Pinboard und das Bild vom Patenkind auf dem Schreibtisch. Aber das wollen sie auch nicht, die Chefs, oder?

Ich für meine Person hatte die Individualitätsskala schon durch eine Schreibtischlampe mit Flügelchen an der Birne (Achtung: Design im Vorzimmer) mehr als ausgereizt. Geschmackssache, typisch Frau, gebe ich ja zu. Aber es brachte eben etwas

»persönliche Aura« ins Büro. Ebenso wie die Bronze-Plastik von dem auf die Windmühle zureitenden Don Quichote bei meiner Kollegin am anderen Ende des Flurs. Ich fand dieses Objekt sehr treffend, weiß aber bis heute nicht, ob sie sich selbst oder ihren Chef darin sah.

Auf den isolierten Vorstandsetagen kann man sich letztendlich nur gegenseitig über die Einsamkeit hinwegtrösten. Da helfen dem Chef auch keine Meetings oder Reisen aus seinen vier Wänden heraus. Er wird in Watte gepackt, wo immer er steht und geht – im klimatisierten Wagen mit Chauffeur, in der ersten Reihe in der Business Class beim Flug ebenso wie im Fünfsternehotel mit Kaviar in der Minibar. Kein Krankentransport wäre schonender.

Zurück ins Büro. Da geht dann manchmal die Ledertür auf. Annäherung. Wunsch nach Aufmerksamkeit – und nach Dienstleistung natürlich. Bei Herrn Dr. Stanz habe ich dann immer gedacht: Jetzt kommt das Tierchen endlich aus der Höhle – und mit ihm die Neugierde.

»Kommen Sie, wir schreiben was. Ich komme zu Ihnen und diktiere es Ihnen gleich in den PC.« Das hatte für ihn etwas extrem Fortschrittliches. Und ich konnte meinen Rücken schonen statt ungesund mit Stenoblock auf den Knien auf dem Besucherstuhl im Chefbüro zu hocken.

Herr Dr. Stanz stand dann immer gleich ohne Vorwarnung vor meinem Schreibtisch, schlechtestenfalls sogar dahinter, mit seinem »Was-hat-sie-gerade-auf-dem-Bildschirm-Blick«. Altes Spiel. Alle Chefs lieben es. Kann ich meine Sekretärin bei irgendetwas ertappen? Ha! Bei Herrn Dr. Stanz konnte man herrlich beobachten, wie seine beiden Augen plötzlich nicht mehr synchron funktionierten, wenn er mit mir sprach. Denn eines der beiden versuchte parallel, sich unmerklich einen Überblick über alle Papiere auf meinem Schreibtisch zu verschaffen. Mit der Zeit machte ihn das fast schon liebenswert. Völlig kalkulierbar. Ich brauchte nur ein paar Einkaufslisten für den Supermarkt zwischen die Papiere einzustreuen als eindeutigen Ruf nach Arbeit. Und es funktionierte.

Vielleicht wollte er sich auch einfach nur ablenken und sich ein Stück weit in meine kleine harmlose Sekretariatswelt flüchten.

Mit Chefs sollte man immer ganz natürlich umgehen. Das ist leichter gesagt als getan. Aber eines sollte man auf jeden Fall vermeiden: Demut. In besonders guten Zeiten ruhig mal etwas frech sein und ein ehrliches Wort riskieren. Denn sie hören es selten. Sie verbringen mit ihren Sekretärinnen nicht nur mehr Zeit als mit der eigenen Frau, sie wissen auch ganz genau, dass wir sie und das Geschäft besser kennen als irgendjemand sonst. Und dann öffnen sie sich langsam. Oft ist man die einzige, die a) weiß, wann so ein Moment der ehrlichen Worte da ist, und b) diese dann auch noch wagen kann. Ein oft unterschätztes Potenzial. Solche Momente machen unseren Job kostbar.

Selbst den brummigen Dr. Stanz habe ich in guten Momenten zum Reden gebracht. Das gibt Hoffnung für alle Sekretärinnen wortkarger Chefs. Denn Letztere wollen sich nur verstanden fühlen:

»Diese Neuausrichtung von Serie ›Alpha‹ überzeugt mich immer noch nicht wirklich. Ich weiß nicht.« Herr Dr. Stanz stand vor mir und schüttelte den Kopf, ohne mich anzuschauen, erwartete aber sehr wohl meine Reaktion darauf. »Alpha« war der Codename für die neue Produktserie einer »Slow Food Kampagne« für eine Reihe von Reformhäusern und ausgewählten Supermärkten.

»Wann soll ›Alpha‹ denn genau auf den Markt kommen? Ich habe in den Unterlagen nirgendwo ein Datum für die Markteinführung gesehen.« Ich drehte mich in seine Richtung.

»Im Frühjahr. Sehr wahrscheinlich im April. Sie kaufen doch auch jede Menge von diesem Gesundheitskram, Frau Münk. Wie finden Sie's? Ist der Konsument bereit dafür? Oder ist er immer noch sparsam statt umwelt- und gesundheitsbewusst?«

»Ehrlich?« Ich grinste. »Für meinen Geschmack sieht die Aufmachung alles andere als nachhaltig aus. Man ahnt, dass Sie für das Fotoshooting nach Neuseeland geflogen sein müssen. Da denkt man als Konsument sofort, dass ein großer Konzern fleißig auf der Wellness-Schiene reitet und ordentlich Geld verdienen will. Ich würde ›Alpha‹ nicht in das Markenartikel-Segment, sondern eher als Private Label an den Handel geben. Vielleicht sollte man erst einmal mit der Kampagne und der Kundenzeitschrift starten und das eigentliche Produkt später einführen.«

Genau das hatte er hören wollen. Herr Dr. Stanz gewann seine Dynamik zurück und knallte seine Faust auf den Tisch. »Ha, ich hab's doch immer gesagt. Habe dem Hauckmeier viel zu schnell grünes Licht gegeben.« Und schon war er verschwunden.

Ich lehnte mich zurück und zündete mir erst einmal eine Zigarette an.

Die musste ich allerdings vorzeitig wieder ausdrücken. Herr Dr. Stanz kam zurück und brüllte in altbekannter Manier: »Diktat! Spannen Sie mal 'nen Bogen ein.« Im übertragenen Sinne. Eigentlich hieß das »MS Word/Datei/Neu/Finger auf die Tasten«.

Ich war wieder vom Berater zur Schreibkraft mutiert. So schnell ging das. Die Sätze, die er auf mich abfeuerte, gingen ohne Umweg über den Kopf direkt in die Finger auf den Tasten. Immer wenn er am Ende dann wieder durch seine Tür verschwand, kam ich mir vor wie ein zurückgelassener Schreibautomat, der per Sprachsteuerung funktioniert und der nun langsam auf »Bearbeitungsmodus« umschaltet. »Denken Sie an die Blind copies. Ich hätte den Brief dann gern bis 10.00 Uhr.« Und das Tierchen verschwand wieder in seiner Höhle.

7. Unterwegs mit 80 Megabyte und w-Lan – Herr Dr. Stanz möchte einen PC

Die Technik ist faszinierend. Der Umgang mit ihr ist faszinierend unterschiedlich: Frauen versuchen sie auf ein Minimum zu begrenzen, Männer lieben sie. Sie werden operativ, beschäftigen sich mit undurchschaubaren Tastenkombinationen, surfen am Flughafen durchs Internet auf der Suche nach früheren Flugverbindungen und werden beim E-Mail-Absetzen immer flinker auf den Tasten. Beim spielerisch hemmungslosen Surfen durch das Net fangen sie sich beziehungsweise dem Unternehmen nichtsahnend so manche Viren ein.

Und die Sekretärin wundert sich, wenn in der E-Mailbox des Chefs plötzlich immer mehr Nachrichten wie »Greetings white man«, »How to seduce me« oder »Stay strong and sexy« zu finden sind. Man ist dann versucht, den PC-Bildschirm auf Richtung Eingangstür zu drehen, auf Schriftpunktgröße 14 zu gehen und den Bildschirmschoner zu unterdrücken.

Für Sekretärinnen offenbaren sich drei Grundmuster im männlichen Umgang mit Technik : 1. Chefs, die wirklich etwas davon verstehen und sich zeitintensiv in die Welt des technisch Machbaren versenken, interaktiv und autonom, 2. Chefs, die – obwohl sie nichts davon verstehen – erst einmal alles haben wollen und ihren Assistenten auf Einkaufstour zur Cebit schicken, und zu guter Letzt 3. Chefs, die stilvoll und traditionsbewusst allen modernen technischen Verlockungen entsagen, die doch nur piepsen, klingeln, leuchten und Zeit kosten. Ich denke, dass auch weibliche Chefs mehrheitlich zur dritten Gruppe gehören.

Herr Kramer gehörte eindeutig zur zweiten Gruppe. Er liebte den Fortschritt an sich, wollte ihn haben, konnte aber nicht mit ihm umgehen. Mit seinen exotischen Palm Organizers, die er aus Singapur mitbrachte, legte er ganze Betriebssysteme im Unternehmen lahm.

Fassungslos sah ich dieses Mal zu, wie er konzentriert und weltvergessen versuchte, die Infrarot-Funktion an seinem neuen Handy zu initiieren. Ich machte mir Sorgen um ihn. Seit 20 Minuten hätte er im Meeting mit seinen Bereichsleitern sein müssen, und jetzt saß er an seinem Schreibtisch und wiederholte ständig ein Wort:

»Sandra.«

»Sandra?«

»Sandra!«

»Saaandraa.«

»S A N D R A !!«

»Sandra verdammt!«

Hatte er sonst nichts zu sagen, oder ließ sie ihn nicht zu Wort kommen?

Ich ging in sein Büro, um die Regieanweisung »Sie müssen jetzt ins Meeting!« hineinzutragen. Ich hielt ihm den Zettel unter die Nase.

Er legte sein Handy aus der Hand: »Scheißding. Warum kriege ich die Sprachsteuerung nicht aktiviert?«

Er versuchte es ein letztes Mal und brüllte »SANDRRRA« in das, was die Zukunft der mobilen Kommunikation sein sollte. Danach verschwand er.

Kurz darauf hörte ich durch die offene Tür von seinem Schreibtisch eine zarte Stimme:

»Liebling? –

Liebling! –

Sag doch was. –

Mensch, was soll denn das?«

Solche Anrufe nimmt man nicht entgegen. Ich ließ sie beziehungsweise das Handy rufen, bis aufgelegt wurde.

Vorbei die Zeiten simpler Mobiltelefone. Heute sehen diese »Hightech-Klappstullen« aus wie mein Ladyshaver – und sie fühlen sich im »Vibrations-Rufstatus« auch so an. Sie bieten eine verlockende Spielwiese zum Herumtollen und Managen mit Organizer, Fax, allen Office-Anwendungen, Wireless Lan, MP3-Player, GPS und Videotelefonie auf vielleicht 20 Quadratzentimetern. Als Taschenbüro – eine in Digits und Bytes aufgelöste Frau Münk. Die nicht fragt, sondern einfach Daten frisst und liefert. Die immer dabei ist, ohne Reisekosten zu verursachen.

Normale Blackberry Handys sind schon wieder out. Es gibt Geräte, die nicht mehr »Pi538« heißen, sondern schlicht »Personal Assistant«. Da haben wir's – eine nicht geschützte Berufsbezeichnung! Und auf dem Display dieser Wunderdinger öffnet sich mitunter ein sinnliches weibliches Augenpaar, wenn der Manager den Finger leicht über »On« streicht.

Soweit das theoretisch Machbare zum letzten Stand der vernetzten Kommunikation. Aber kommen Männer damit klar, die zuletzt in grauer Vorzeit auf den mittleren Sprossen der Karriereleiter operativ gearbeitet haben und auf der Strecke jede Menge Zeit und Geduld verloren haben? Die wenigsten verstehen wirklich etwas vom zeitsparenden Umgang mit moderner Technik, die meisten gehören zu den Gruppen 2 und 3.

Darum sitzt immer noch ein menschliches Wesen im Vorzimmer, das von unterwegs ständig angerufen wird, weil irgendeine Information nicht verfügbar ist oder dem CEO gerade so distanziert ums Herz ist und er einfach nur reden möchte. Egal was.

Das ist der Moment, der den leibhaftigen Personal Assistant auf den Plan ruft! Darum mache ich diesen Job trotz der ganzen Heulerei bis heute noch gern. Denn sie brauchen uns. Wenn man sie allein lässt mit Blackberry Handy und Palm-Pilot-Termin-Handling, gehen sie verloren. Die Kompassnadel bewegen immer noch wir – wenn wir wollen und wenn man uns lässt.

Der kleine flache Freund von Herrn Kramer, der Organizer CE 2011, war immer dabei. Nichts kam für ihn cooler, als dem Geschäftsfreund in der Flughafen-Lounge zuzuraunen: »Ich kommuniziere nicht mehr. Ich synchronisiere. Zeit ist Geld. Ha! Darf ich kurz Ihre Visitenkarte unter die eingebaute Kamera meines Palms halten? Dann habe ich einen automatisch umgewandelten Outlook-Eintrag und Sie Ihr gutes Stück zurück. Wir wollen uns doch nicht mit zu viel Papier belasten, nicht wahr? Ich kann auch mal flott meine SMS selbst schreiben. Ich brauche keine Sekretärin. Sie sehen, ich bin interaktiv und autonom, schnell und direkt, wo ich gehe und stehe. Ich bin ein Macher.«

Nach längeren Abwesenheiten zurück im Büro, bekam ich von ihm alle neuen Termine und Adressen sozusagen intravenös zugeführt, per Kabel auf meinen Bildschirm gespeist. Synchronisation Palm Pilot-PC, damit ich wieder korrekt funktionieren konnte.

Und dennoch brauchte er mich.

»Frau Münk, ich hab' da ein Gespräch angenommen. Und jetzt wollen die mit Ihnen sprechen. Wegen der organisatorischen Einzelheiten, Sie wissen schon.«

Er legte die Hand auf die Ohrmuschel: »Wie verbinde ich so was denn?«

Ich überlegte für Bruchteile von Sekunden, vor wie vielen Jahren diese Telefonanlage angeschafft worden war und zwitscherte:

»Sie sagen ›Ich verbinde‹ und drücken auf den Knopf, auf dem ›Sekretariat‹ steht!«

Ich hörte »Okay, okay. Also dann wollen wir mal. Hallo? Sind Sie noch dran? Ich bin es noch. Aber nicht mehr lange! Ich stelle Sie mal ganz schnell zu meinem Sekretariat durch. Bleiben Sie dran.« Sagt's und legt auf. Das Licht auf der Anlage erlosch. Tote Leitung.

Ich stand auf und steckte den Kopf durch die Tür: »Da ist niemand in der Leitung. Haben Sie etwa aufgelegt?«

»Ich? Aber nein. Es sei denn, ich habe im Eifer des Gefechts vergessen, vorher den Knopf zu drücken. An was man da alles denken muss. Wir sollten uns mal Gedanken über die Anschaffung einer zeitgemäßeren Telefonanlage machen.«

Auch Herr Dr. Stanz war ein Pionier in Sachen Technik. Er war noch ein echter Stratege. Er hatte keinen PC auf seinem Antik-Schreibtisch. Er wollte auch keinen. Er brauchte auch nicht wirklich einen. Die Schaltstelle der Macht war sein Kopf und keine Tastatur mit Plasmabildschirm, die er sowieso nicht hätte bedienen können. Er hatte ja mich.

Was blieb, war die Neugierde.

Seiner Sekretärin den kompletten, immer intensiver genutzten E-Mail-Eingang seines Postfaches zu überlassen und darauf zu vertrauen, dass sie immer alles richtig kanalisierte und ihm vorlegte, kostete ihn Überwindung. Vertrauen hin oder her.

Die Ledertür zwischen unseren Büros stand offen.

»Frau Münk, was klingelt denn da bei Ihnen dauernd? Spielen Sie Triangel?«

Manchmal, wenn auch selten, fand ich ihn zum Knuddeln. »Leider nein. Das sind eingehende E-Mails, akustisch signalisiert.«

Ich wusste, dass jetzt seine linke Augenbraue wie bei Billy Idol in die Höhe schnellen würde: »Für mich?«

»Ja, für Sie.«

»Von wem denn? Was steht denn drin?«

Das hatte mir jetzt gerade noch gefehlt. Konnte er mich nicht einfach in Ruhe arbeiten lassen: »Nicht wichtig. Feedback auf unser Memo wegen des Reportings Ende der Woche. Ich werde Ihnen alle dazugehörigen Nachrichten morgen zusammen als Akte hinlegen. Wie besprochen, oder?«

»Ja, schon.« Irgendetwas behagte ihm nicht. Er kam um die Ecke: »Kann man das lauter stellen?« Er zeigte auf meinen PC.

Es gab immer noch Momente mit ihm, da fehlten mir die Worte und ich konnte nur fragend gucken.

Er fuchtelte Richtung PC: »Na, das Klingeln natürlich. Wenn Sie mal gerade nicht da sind oder telefonieren, dann höre ich es wenigstens. Für dringende Fälle.«

Ich machte eine dramaturgische Pause. »Herr Dr. Stanz, wir haben eine zweifach gepolsterte Ledertür zwischen unseren Büros, die selten so wie jetzt offen steht. Oder wollen Sie doch selbst einen PC?« Meine Stimme nahm einen leicht drohenden Tonfall an. Ich wusste, dass er in diesem Moment tief im Innern seiner westfälischen Seele einen eigenen PC haben wollte. Etwas zum »Klingeln lassen«.

Herr Dr. Stanz lehnte dann doch dankend ab. Diese Blöße wollte er sich nicht geben. Den Rest überließ er mir. Wenn ich ihm alle E-Mails aus seinem Postfach tagtäglich ausgedruckt hingelegt hätte, wäre er außerstande gewesen, die Farbe seines Teppichbodens unter den Papierbergen zu identifizieren.

Tiger Natural Speaker 8

Dieser Chef gehörte mit seinen 63 Jahren einer Managergeneration an, die irgendwann vom Fortschritt der Technik überrollt worden war und es ziemlich spät gemerkt hatte, da direkte Berührungspunkte fehlten. Eine Generation, deren frühe Briefe und Memos von ihren Sekretärinnen noch in die gute alte »Gabriele 1010« hineingedonnert worden waren – als Dreifachsatz mit zwei Durchschlägen in Rosa und Gelb, die jeden Tippfehler erbarmungslos und unauslöschbar dokumentierten. Jeder Tastenanschlag ein Urteil. Fertig oder noch einmal ganz von vorn. Kino oder Überstunden.

Das alles ist glücklicherweise schon seit Jahrzehnten vorbei. Aber es gibt ein Überbleibsel aus jener Zeit, das sich auch heute noch in den Vorzimmern hält und das für die Chefs die letzte Bastion der Willkür ist: das Diktiergerät.

Manager lieben es immer noch. Allein schon das konspirative Hineinhauchen der Worte in das Gerät hat etwas Repräsentatives, auf Reisen in der FTL-Lounge oder zu Hause vor Frau und Kindern.

»Nach Diktat verreist.« – Wer verreist schon gern ohne? Niemand außer der Sekretärin weiß, was ein Chef im Endeffekt wirklich aufs Papier bringen lässt. Die Hälfte des zur Verfügung stehenden Speicherplatzes auf dem Band geht schon für das penetrante Mitdiktieren von falsch gesetzten Satzzeichen drauf.

Das Diktiergerät, das ich an meinem ersten Arbeitstag im Vorzimmer von Herrn Dr. Stanz vorfand, war ein Relikt aus anderer Zeit und sah aus wie aus der Requisitensammlung beim Fernsehen: am ehesten einzuordnen bei »Der Kommissar« mit Erik Ode aus den frühen Siebzigerjahren. Erinnern Sie sich an die Sekretärin des Kommissars, das resolute Fräulein Rehbein? Die mit der Topfpflanze neben der Schreibmaschine und der Fußbank gegen dicke Beine unterm Schreibtisch?

Das dazu passende Diktiergerät für die Ermittlungsberichte dürfte man vor Augen haben: ein in Form und Farbgebung undefinierbarer verstaubter Kasten mit integrierten Lautsprechern, nicht-integrierten Fußpedalen und natürlich Kopfhörern, die bereits die Häupter und Ohren ganzer Generationen von Sekretärinnen geschmückt haben mussten. Das im Vorzimmer von Herrn Dr. Stanz sah jedenfalls genauso aus. An ihm waren alle Cebits der letzten Jahrzehnte spurlos vorbeigegangen. Hier stand es unverändert seit Jahren in einem ansonsten modernen Büro mitten in der Frankfurter City.

Solche Dinge gehören unter den Glaskasten im Museum, aber nicht ins Vorstandsbüro eines halbwegs zukunftsorientierten Großunternehmens. Ich bin da resolut wie Fräulein Rehbein. Diktiergeräte entmündigen uns. Wenn man der Bandansage halbwegs schnell folgen will, kann man sich den Luxus des Denkens gleich abschminken. Diese Gerätschaften reduzieren uns auf zwei Ohren und zehn Finger. Wie sollte ich mit diesem Ding noch die Fäden im Geschäftsalltag eines deutschen Top-Managers im Griff behalten? Ich bekäme unter den Kopfhörern mit Oropax-Effekt noch nicht einmal den Knall der Revolverkugeln mit, wenn meine Kollegin Annelie im Büro nebenan in letzter Konsequenz doch ihren Chef erschießen würde.

Ich donnerte den gesamten Gerätesatz in den Papierkorb. Ein Ohrstöpsel verfing sich am Rand und blieb daran hängen. Sondermüll.

Herr Dr. Stanz kam ins Büro und öffnete seine Hand: drei Kassetten.

»Frau Münk. Ich habe mir am Wochenende ein paar Gedanken gemacht und gleich sechs Memos abdiktiert. Jetzt fühle ich mich besser. Dieses ganze Zeug muss mal aus dem Kopf. Hier, schreiben Sie mal.« Mit diesen Worten pfefferte er mir die Kassetten auf den Tisch. Sein Wochenend-Hörspiel.

Ich schaute ihn und die Kassetten abwechselnd fragend an. Er wurde unsicher: »Na, tun Sie mal bloß nicht so, als hätten Sie das noch nie gemacht.«

Ich zeigte indes stumm auf den Papierkorb, in den ich gerade das Diktiergerät entsorgt hatte, und versuchte zu lächeln: »Ich bin es gewohnt, nach Stichworten zu schreiben. Meine früheren

Chefs haben mir ansonsten in den Stenoblock oder gleich in den PC diktiert.«

Stanz hörte schon nicht mehr zu. Er bückte sich, streckte den Zeigefinger Richtung Papierkorb und hangelte damit den verstaubten Kopfhörer heraus. Panik im Blick. Zwei unhygienische Ohrstöpsel baumelten an seinem Finger in der Luft.

»Haben Sie das etwa weggeworfen?«

Ich blieb ruhig und war entschlossen, alle weiteren Ansätze seinerseits bereits im Keim zu ersticken.

Ich legte den Kopf schräg: »Würden Sie sich denn so etwas in die Ohren stecken? Tut mir leid, entweder das Diktiergerät oder ich. Aber nicht wir beide in Kombination.«

Stanz versuchte es mit Argumenten: »Nun bleiben Sie mal ruhig, Frau Münk. Wir wollen Ihnen ja nichts tun. So wie Sie sich jetzt anhören, müssen Sie wohl irgendwann einmal ganz traumatische Erfahrungen mit dieser Technik gemacht haben. Aber sie hat auch ihre Vorteile, glauben Sie mir. Wenn ich Ihnen alles in den Block diktieren muss, fangen Sie wieder an, Fragen zu stellen. Das kostet Zeit. Und die habe ich tagsüber nicht.«

Ich wunderte mich, warum er in seiner Position als Vorstandssprecher überhaupt kassettenfüllende Memos verfassen musste. Schließlich wurden hier weder OP-Berichte noch notarielle Beurkundungen angefertigt. Und es galt auch keinen Schreibwettbewerb zu gewinnen.

Er musste meine Gedanken gelesen haben: »So oft benutze ich das Diktiergerät ja nun auch wieder nicht. Aber was soll ich auch tun, wenn ich auf dem Golfplatz zwei Stunden auf meine Frau warten muss?« Jetzt versuchte er kokett zu sein.

Ich erklärte ihm nochmals, dass ich mich weigern würde, mir in dieser Position am helllichten Tage Stöpsel in die Ohren zu stecken und die Welt um mich herum völlig auszublenden. Schließlich müsse ich mich mit diesem Gerät konzentrieren wie ein Airbus-Pilot kurz vor der Landung und sähe auch noch so aus. Besucher und Kollegen würde ich damit erst wahrnehmen, wenn sich diese bereits auf 30 Zentimeter Intimnähe befänden und versuchten, sich mit fuchtelnden Handbewegungen bemerkbar zu machen. Nein, das wollte ich alles nicht. Nicht in seinem Vorzimmer.

Herr Dr. Stanz hatte sich bisher noch gar keine Gedanken über die Tatsache gemacht, dass sein Vorzimmer nach außen hin mit diesem alten Diktiergerät weder einen zeitgemäßen noch einen repräsentativen Eindruck vermittelte. Er gab erstaunlicherweise vorerst Ruhe, sammelte die Kassetten wieder ein, schickte sie in den Schreibpool und donnerte mir auf der Stelle drei Memos mit 200 Silben pro Minute um die Ohren.

Aber das war noch nicht alles. So schnell hätte er niemals nachgegeben, ohne nicht noch ein Ass im Ärmel zu haben. Zwei Wochen später präsentierte er mir »Tiger Natural Speaker 8« – ein digitales Diktier- und Spracherkennungssystem der neuesten Generation, das mein neuer Freund werden sollte. Mit »Native Speaking MSI Installer« und »Smart Formating« – zur »Straffung des Diktat-Workflows«.

Er schob mir lässig ein Memory Stick mit USB-Anschluss über den Schreibtisch: »Ha, da staunen Sie, was? Ich auf meine alten Tage! Aber ich sage Ihnen, wenn ich schon mal was Neues anschaffe, dann was Richtiges. Keine Kompromisse, auch hier nicht. Auch rein preislich nicht.«

Er strampelte vor Genugtuung unter dem Tisch mit den Beinen. War das jetzt tatsächlich eine Gefühlsregung? Stanz besann sich sofort wieder auf sein Alter und auf seine Position: »So, nun lassen Sie sich das von den Leuten aus der Technik mal zeigen. Ich habe beim letzten Vorstandsmeeting einfach mal zur Abwechslung die Protokollführung übernommen. Testfall sozusagen. Kommt nicht wieder vor. Dafür hat man ja seine Leute.

Auf jeden Fall habe ich in dieses Teil gesprochen, und wenn Sie das in Ihren PC stecken, kommt hinten der fertige Text heraus.«

Er marschierte triumphierend davon und ließ mich mit Tiger allein.

Das konnte doch alles nicht wahr sein. Hatte dieser Mensch denn sonst nichts zu tun? Aber neugierig war ich auch. Ich steckte die Kabelverbindung am Gerät in den USB-Anschluss meines PCs. Auf dem Bildschirm erschien die Meldung »Tiger is converting text«. Sollte Herr Dr. Stanz etwa diese Bastion moderner Technik erfolgreich eingenommen haben, so ganz eigeninitiativ? Ich starrte ungläubig auf den Screen.

Wenig später hatte ich einen dreiseitigen unformatierten Fließtext ohne Punkt und Komma vor mir. Der Inhalt war gelinde gesagt phantasievoll: Statt »Anwesend waren« schrieb Tiger »Alle Wesen waren da«. Aus der »Schieflage des Unternehmens« machte Tiger das »skifahrende Unternehmen«. Und das ging so weiter. Ich druckte das Werk in Tiger-Originalfassung aus und legte es Herrn Dr. Stanz in seine abendliche Unterschriftsmappe.

Er hat nie mehr ein Wort darüber verloren und mich seitdem zur Protokollführung mit in die Meetings genommen. Dies ist jetzt fünf Jahre her. Vielleicht hat sich seitdem die Technik der digitalen Spracherkennung wesentlich verbessert. Ich habe sie jedenfalls seitdem nie mehr getestet, und auch keiner meiner Chefs.

Gesteuert werden die Technikfreaks immer noch von uns. Denn da, wo sie operativ werden, sich wireless in ihre Blackberrys versenken und Tiger Natural Speaker 8 mit Text besprechen, werden *wir* strategisch. Sie merken es bloß nicht. Gute Sekretärinnen bestimmen vorausschauend und langfristig, wann ihr Chef welchen Kontakt wahrnimmt oder eben nicht, egal wie viele fremde Visitenkarten er am Flughafen einscannt. Sie pflegt die Wiedervorlagemappe, nicht er. *Die* Strategie trägt einen weiblichen Artikel. In fast allen Sprachen.

8. Wahnsinn, alles wird anders – Auf in den Mittelstand

Ich stehe an meinem Briefkasten. Er ist leer. Kein Wunder, morgens um 08.00 Uhr. Ich verlasse das Haus, komme dann aber fünf Stunden später in der Mittagspause zurück, um nach Post zu schauen. So dumm muss man sein.

Nichts. Ich werde bei meinem jetzigen Chef bleiben, ihm weiter das Leben versüßen. Ich bin darin so gut, dass ich mit zum Kunden-Event beim nächsten Formel-1-Rennen darf. Ich lerne den Masseur von Pablo Montoya kennen. Wir heiraten. Ich kündige. Wir reisen um die halbe Welt. Ich mache mich mit einer Feng-Shui-Beratung für Formel-1-Rennfahrer-Wohnungen in Monte Carlo selbstständig ... Da klingelt es. Der Postbote hat sich heute verspätet. In der Hand hält er einen dünnen DIN A 4-Umschlag mit meinem neuen Arbeitsvertrag – als Sekretärin. Aus der Traum. Da bin ich wieder. Mitten im Leben. Aber trotzdem würde jetzt alles anders werden.

Das ist jetzt fünf Jahre her. Ich wusste damals nicht, dass alles noch viel schlimmer kommen würde. Herr Dr. Stanz, inzwischen Aufsichtsratsvorsitzender geworden, hat bei meiner Kündigung nur wehmütig den Kopf geschüttelt. Wie konnte ich das Zentrum der Macht eines internationalen Großunternehmens für einen Mittelständler, noch dazu in der Textilbranche, verlassen!

»Gelinde gesagt, unverständlich, Frau Münk. Aber Sie lieben ja die Herausforderung. Wir sind Ihnen wohl zu langweilig geworden, was? Sie brauchen ja immer was Schwieriges, was Pionierhaftes. Kommen Sie mal in meine Jahre. Da bleiben viele Illusionen auf der Strecke. Da bleibt man bei dem, was sich bewährt hat.«

Er konnte mir viel erzählen. Mit vier Autos in der Garage und zwei Ferienhäusern auf der Südhalbkugel würde ich beruflich auch dort bleiben, wo ich bin. Schon allein, um das alles unterhalten zu können.

Ich dagegen war fest entschlossen, meinen Elfenbeinturm zu verlassen, den Sprung von der Vorstandssekretärin zur »Projektmanagerin mit Verwaltungsaufgaben« zu wagen und einem jungen, vielversprechenden Unternehmen der Textilbranche bei der weiteren Markteroberung zu helfen. Schließlich hatte ich weder Porsche noch Ferienhaus zu verlieren.

Ja, ein Stück weit die Welt mitverändern statt nur denjenigen das Leben angenehmer zu machen, die es sowieso nicht mehr nötig hatten. Ich wollte nicht mehr nur das Vaselin-Töpfchen reichen, damit alles in jeder Beziehung wie geschmiert läuft.

Mein zukünftiger, charismatischer Chef hatte sich schließlich unter 30 geladenen Kandidatinnen für mich entschieden. Und ich mich sehr viel schneller für ihn und diese Stelle. Ich war dahingeschmolzen wie Sahne auf heißem Apfelstrudel. Natürlich war ich stolz, dass er mich ausgesucht hatte. Dabei hätte mich diese doch etwas große Anzahl geladener Damen eher skeptisch machen müssen. Aber es gibt Momente, da sehen wir Frauen nur das, was wir sehen wollen. Es hatte so sein sollen. Eine typisch weibliche Sichtweise. Haben Sie schon einmal einen Mann sagen hören »Das hat so sein sollen«? Ich nicht.

Und so fiel ich dann in die Abgründe menschlicher Psychosen, die niemand kontrolliert. Fernab jeglicher Betriebs- oder Aufsichtsräte.

Mikrokosmos

Ich sehe ihn noch vor mir sitzen, meinen neuen Chef in besagtem Modeunternehmen. Georg Ippenfeld. Puristisch durchgestylt bis in die vorderste Spitze seiner Wildlederschuhe. Durchdringender Blick, asketisch. Alles, was er sagte, hatte was von »Komm, lass uns etwas leisten und die Welt verändern.« Dass er lediglich die Marken- und Arbeitsphilosophie lieferte und ich die Arbeitskraft, störte mich dabei erst einmal wenig.

Zwei Wochen nach Arbeitsbeginn. Ich habe Rückenschmerzen. Unsere Bürostühle sind minimalistisch und einheitlich durchgestylt. Genau genommen sind es keine Stühle sondern Hocker. Rücken- und Armlehnen fehlen. Rückenlehnen laden zum Verweilen ein, und das kann sich kein dynamisches Unternehmen, kein Trendsetter leisten. Denn wir sind stets auf dem Sprung und verfügen mittlerweile über eine erstklassig trainierte Beinmuskulatur. Aktiver Muskelaufbau und Bewegung statt passiver Ergonomie, lautet die Devise.

Stopp. Der Flüssigkeitshaushalt meines Körpers bewegt sich an der kritischen Grenze. Wassergläser geschweige denn -flaschen am Arbeitsplatz lenken optisch ab, sehen nicht schön aus und könnten umfallen. Für derartige Utensilien ist die Gemeinschaftsküche da. Menschen, die so aussehen als könnten sie Thermoskannen oder individuell gestaltete Kaffeetassen mit Blümchendekor oder »I hate Mondays« darauf besitzen, werden im Vorfeld in dreißig Vorstellungsrunden aussortiert und somit erst gar nicht eingestellt.

Ich ordne Frauenzeitschriften in chronologischer Reihenfolge und innerhalb der Chronologie nach Farbe des Heftrückens. Ich habe Abitur. Notendurchschnitt 1,6. Und einen festen Arbeitsvertrag als »Projektmanagerin« mit diesem Unternehmen.

Ich werde langsam kritisch. Werden in diesem Unternehmen die Mitarbeiter unmerklich gebrainwashed? Unterwandert gar Scientology so die deutsche Wirtschaft?

Georg meint, ich sei jetzt in der Umstellungskrise, durch die jeder neue Mitarbeiter müsse. Ich sei dazu noch ein ganz extremer Fall, da ich aus einem Großunternehmen komme. Meine Arbeitsweise und Ansprüche könne ich natürlich hier nicht eins zu eins anwenden. Diese »Sensibilisierungsphase« sei Teil meiner Fortentwicklung. Ich würde schon sehen.

Das klingt wie ein Medikamenten-Beipackzettel. »Heftige Nebenwirkungen am Anfang sind völlig normal und Teil des Heilungsprozesses.«

Also gut, nicht gleich aufgeben. Schließlich habe ich die Weisheit nicht gepachtet. Ich arbeite weiter Ablage am laufenden Meter auf Georgs Fensterbank ab.

Georg kontrolliert alles – jeder Vorgang wandert in sein Büro, jeder Vorgang bleibt auch dort. Die Stapel der Vorgänge nehmen langsam Tageslicht weg. Das braucht er auch nicht. Er arbeitet sowieso bis spät in die Nacht. Denn delegieren ist ein Risiko. Lieber alles selbst und somit 150-prozentig machen. Seinem Perfektionismus kann keiner von uns das Wasser reichen.

Das steigert zwar kurzfristig die Qualität, kostet aber langfristig so viel Zeit, dass die Unternehmenszahlen unterm Strich immer schlechter werden. Am Ende sind wir alle Perfektionisten, mit Rändern unter den Augen und mit extremem Zeit- und Geldproblem.

Wir duzen uns alle. Das fördert das Teamworking. Wirklich zusammengeschweißt haben uns aber nur unsere gemeinsamen Leidensphasen. Ich hasse Chefs, die mich duzen. Ein »Würden Sie bitte« kommt doch gleich ganz anders daher als »Kannste mal«.

Georg nutzte das Duzen geschickt als Einschüchterungspolitik. Jedes Mal, wenn die Tür aufging und es unheilvoll hieß »Katharina, ich muss mal mit dir reden«, gingen alle Blicke teilnahmsvoll zu mir.

Denn früher oder später bekam jeder von Georg den Kopf gewaschen. Das kostete uns und ihn selbst Arbeitszeit von ein bis zwei Stunden. Es waren stets Gespräche, die mit einem geschäftlichen Vorgang begannen, um dann anhand dessen ohne Umschweife direkt auf persönliche Schwachpunkte zu kommen. Über diese wurde dann eingehend referiert. Sein »Du hast da ein Problem« klingt uns heute noch allen in den Ohren, weil es ohne Umweg über ein Abstand wahrendes »Sie« direkt in den Bauch ging.

Hätte mein Mann so mit mir geredet, hätte ich ihn a) erst einmal für zwölf Joggingrunden in den Park geschickt und b) nicht geheiratet. Aber hier?

Antwort: Kündigung. War ich schon soweit? Nach sechs Monaten? Noch nicht ganz, aber fast.

WC-Design – die Herrentoilette

An diesem Vormittag hatte ich »Putzkräfte-Beaufsichtigungsdienst«, kurz »PBD« genannt. Jeder von uns hatte zweimal im Monat »PBD«: Morgens um 07.00 Uhr die Putzkolonne in die Büros lassen, mit Rat und Tat zur Seite stehen, »damit das Gefühl für die Basis sowie für Ordnung und Sauberkeit nicht verloren geht«. Anschließender Kontrollgang durch die Damen- und Herren-WCs eingeschlossen. Alle Armaturen richtig poliert? Keine Kalkrückstände im Waschbecken? Oder in den Klobürstenbehältern aus gebürstetem Edelstahl? Türklinken hygienisch rein und frei von menschlichen Abdrücken? Meister Proper wäre ehrfurchtsvoll sofort wieder in die Flasche verschwunden.

Wer auch immer morgens als erster diesen Ort aufsuchte, kam sich vor wie im OP, kurz vor der Operation am offenen Herzen. Ja, liebe Leser, auch hiermit beschäftigen sich in Extremfällen Mitarbeiter mittelständischer Unternehmen. Ich grüße an dieser Stelle alle Sekretärinnen, die in der Mittagspause vierlagiges Toilettenpapier und Zitrus-Duftsteine fürs Firmenklo kaufen müssen.

Jeder Mitarbeiter außer Georg selbst ließ diese Reinigungsprozedur zweimal im Monat standhaft über sich ergehen. Meine Feng-Shui-Grundsätze sah ich allerdings durch Extremauslegung ins Gegenteil verkehrt.

So siegte in diesem Ausnahmefall mein Sinn für Pragmatismus über den Sinn für Ästhetik, Schönheit und Gehorsam: Ich fand, dass es bei all dieser Sauberkeit nicht sein könne, dass die Herren ihre Herren-WCs bereits am späten Nachmittag stets mit feuchten Händen verlassen mussten, da der Papierbehälter aus gebürstetem Edelstahl am Waschbecken aus Italo-Keramik wieder einmal leer und nicht aufzufüllen war.

Die Putzkräfte hatten den Schlüssel nach Befüllung des Papierbehälters abzuziehen und an sich zu nehmen. Ein unschön geformter Schlüssel an glatter Oberfläche widersprach Georgs Vorstellung von Purismus und Schönheit.

Andererseits ist an einem Mann fast nichts schlimmer als

feuchte Hände oder feuchte Hosen, an denen er sich gerade seine nassen Finger abgewischt hat.

An besagtem Vormittag entschied ich, den Putzkräften aufmunternd vorzuschlagen, in Zukunft einfach den Schlüssel am Behälter stecken zu lassen und einen kleinen, fein säuberlich aufgebauten Papierstapel als Reserve zu hinterlassen. Eine eigenständig gefällte Management-Entscheidung sozusagen. Eine Veränderung der WC-Design-Richtlinie.

Mein Alleingang hatte verheerende Folgen. Georg musste bereits vor der Besprechung den Tatort aufgesucht haben und rekonstruierte den Tathergang anschließend öffentlich in der Montagsrunde. Und er wusste, dass ich an diesem Tag »PBD« gehabt hatte.

Sein Finger ging auf mich: Ästhetik fange im Kleinen an. Wer Designermode verkaufen wolle, müsse diesen Anspruch in allen Bereichen vorleben. Wer aber diese Regeln durchbreche, müsse noch viel dazulernen. Unverzeihbar. Urteilsspruch: schuldig.

Nach dieser öffentlichen Standpauke stand ich auf, erklärte, dass ich meine Potenziale nicht weiter auf »Klowaschbeckenpapierbehälterschlüssel« fokussieren wolle und hiermit ab sofort kündigen würde. Ich ging Richtung Tür und knallte dieselbe von außen zu. Ich hörte, wie im Besprechungsraum der Schlüssel zu Boden fiel. Für Bruchteile von Sekunden kam mir der Gedanke: »Wieso darf in dieser Tür ein Schlüssel stecken?«

Draußen angekommen, holte ich tief Luft. Meine erste Spontankündigung vor Publikum, geknallte Tür inklusive. Bühnenreif. Ich war stolz auf mich, vorerst.

9. Wahnsinn, alles wird schlimmer – Revolver im Einsatz und Kündigung

Revolverheld

Nach meinem Ausflug in die Textil- und Modewelt des Georg Ippenfeld war mir nach etwas Bodenständigem, Solidem, fernab von der Willkür kreativer Köpfe. Mit mehr Sicherheit, auch finanziell. Am besten verkehrsgünstig gelegen, mit Kantine und Altersvorsorge-Paket. Zu welchem Wesen war ich mutiert? Aber einen nochmaligen Stellenwechsel wollte ich mir nicht erlauben. Gebranntes Kind scheut das Feuer.

Und wollte mich jetzt überhaupt noch jemand haben?

Ich hätte vorher nie gedacht, dass ich einmal bei einer Bank landen würde. Aber der smarte Herr Wessling war nicht älter als ich und verdankte seine charmant lässige Souveränität seinem Erfolg bei den New-Economy-Firmchen, die er im Firmenkundengeschäft an die Börse gebracht hatte, als die New Economy samt all ihrer Start-ups noch boomte. Er hatte es mittlerweile zum »Mitglied des Direktoriums« gebracht.

Und besser noch: Es gab einen Betriebsrat. Für absolute Notfälle.

Einer dieser Notfälle stellte sich dann nach knapp einem Jahr ein.

Er stand mit dem Revolver in der Hand in der Verbindungstür zwischen seinem und meinem Büro. In der linken Hand noch das Taschentuch, in das die Waffe ganz offensichtlich eingeschlagen gewesen war. Sein Blick ruhte nachdenklich auf dem Revolver und schwenkte dann langsam zu mir. Und das Teil in seiner Hand sah so ganz anders aus als die Spielzeugpistolen meines Neffen.

Wie reagiert man in solchen Momenten? Wenn mir jemand vorher gesagt hätte, ich würde hysterisch schreiend Deckung suchen, hätte ich das auch geglaubt. Für Bruchteile von Sekunden schoss mir die gesamte manisch-depressive Vorgeschichte meines Chefs durch den Kopf. Seine Launen hatte ich ja mittlerweile auch ein ganzes langes Jahr durchlebt.

Aber dies war der Gipfel. Sein psychologisches Profil entfaltete sich blitzschnell vor meinem geistigen Auge, während das richtige Auge in den Lauf guckte.

Ich habe immer schon ein Faible für kriminalpolizeiliche Ermittlungen gehabt, an mir ist ein klassischer Profiler verloren gegangen. Ich weiß nicht, wie viel Tatort-Fernsehabende ich meinem Mann durch Nennung von Täter und Motiv innerhalb der ersten 30 Minuten der Sendezeit verdorben habe.

Ruhig reagieren, mit dem Täter Blickkontakt aufnehmen, mit ihm sprechen, sich dadurch von der potenziellen anonymen Masse vorheriger Opfer ganz individuell absetzen. Diese Gedanken retteten mich über die ersten Schrecksekunden.

»Herr Wessling, Sie haben da einen Revolver in der Hand. Was habe ich jetzt schon wieder verbrochen?« Ich versuchte gelassen und einigermaßen humorvoll zu reagieren, soweit man in solchen Situationen noch von Humor reden kann.

»Ha, da haben Sie wohl einen Schreck bekommen, was?« Grinsend ließ er den Arm mit der Waffe sinken, und der Lauf verschwand aus meinem Blickwinkel. Ich fühlte wie mein Kreislauf sich langsam wieder stabilisierte. Bloß nichts anmerken lassen, auch keinen Blick auf die Fluchttür wagen. Noch viel zu früh. Die Gefahr ist in solchen Momenten noch längst nicht gebannt.

Wohin auch flüchten? Um das nächste besetzte Büro zu erreichen, hätte ich 30 Meter Schusslinie zurücklegen müssen. Großbanken streben auf Direktionsebene eben auch räumlich nach Größe.

Herr Wessling schaute anerkennend auf seine Waffe. »Den haben wir neulich erst im Nachlass meines verstorbenen Vaters gefunden. Ich dachte, ich bringe ihn mal mit ins Büro und zeige ihn Herrn Riessling. Der hat als Jäger doch einen Waffenschein und weiß, was man mit solchen Dingern machen muss.«

»Ich wüsste auch, was man mit Dir machen müsste«, schoss es mir durch den Kopf, während ich charmant lächelnd und kopfnickend die Finger in die Schreibtischplatte krallte.

Diese Situation ist tatsächlich so passiert. Bei dem besagten Revolverhelden handelte es sich, wie gesagt, um das Mitglied des Direktoriums eines bekannten deutschen Kreditinstitutes. Aber wer glaubt einem das ernsthaft?

In solchen Momenten vermisse ich das gute alte Doppelsekretariat. Mit einer Leidensgefährtin in Krisenzeiten, die alles versteht, weil sie alles eins zu eins miterlebt. Eine Kronzeugin. Die an Ort und Stelle ist, wenn einen das Mitteilungsbedürfnis übermannt und man einfach Luft ablassen muss. Die einem das Leben retten kann.

In diesem Fall aber war ich auf weitem Flur allein mit einer dominanten Vorzeige-Führungskraft samt therapiebedürftigem Persönlichkeitsbild.

Es gibt Menschen, bei denen man den nächsten Scherz erwartet und bereits im Vorfeld lacht, wenn diese samt Revolver vor einem stehen: »Oh bitte, es ist noch nicht Karneval. John Wayne kommt besser, gib dir keine Mühe. Ich werde heute Abend nicht mit dir den Western im Fernsehen anschauen. Sorry.«

Ist man aber mit Menschen konfrontiert, die eine manisch-depressive Vorgeschichte haben, und mit einem Betriebsrat, der einem schon bei Einstellung, aber leider erst nach Vertragsunterzeichnung dezente Hinweise darauf gibt – »Wenn Sie sich irgendwann unwohl mit ihm fühlen, sollen Sie wissen, dass wir immer für Sie da sind« –, bekommt man nur noch Angst. Aus der Schrecksekunde wird dann ein ernst zu nehmender, längerer Albtraum.

Meine Freunde fanden den Vorfall köstlich. »Das musst du aufschreiben, bevor du es verdrängst. Das ist ja köstlich«, war die einhellige Reaktion. Die hatten gut reden. Sie hatten noch nicht in den Lauf einer Revolvers geguckt. Aber sie hatten auch Recht.

Wo war ich bloß gelandet? Hatte ich bei der Einstellung irgendetwas falsch gemacht oder übersehen?

Er wollte nur mich. Das lag vor allem an der Tatsache, dass in meinem Lebenslauf namhafte Köpfe der Frankfurter Wirtschaftselite standen – oder die, die er dafür hielt, mit Ausnahme von Georg Ippenfeld natürlich.

»Einen Ausrutscher auf der Karriereleiter macht die beste Führungskraft, Frau Münk. Ansonsten haben Sie ja durchweg erstklassige Referenzen.«

Da kann man beim nächsten Get together seinem Gegenüber lässig in die Rippen fahren und nebenbei bemerken, dass dessen Ex-Sekretärin jetzt bei einem selbst glücklich sei. Im Übrigen brachte ich ein ansehnliches Netzwerk zu den Vorzimmern der Top-Manager und aller hilfreichen Verbände, Herrenclubs, Eventmaker etc. mit.

Das eigentliche Drama war die Tatsache, dass Herr Wessling es immer noch nicht in das Top-Gremium des Geldhauses geschafft hatte. Er spielte noch in der zweiten Liga unterhalb des Vorstands.

Ich hätte wissen sollen, dass solche Kandidaten die schlimmsten sind. Die wirklichen Big shots brauchen keine Sekretärinnen mit Netzwerken. Sie müssen sich nicht durch den Hintereingang auf die Türliste der Society Events setzen lassen, wenn sie keine offizielle Einladung erhalten.

Kollegen derselben Hierarchiestufe langweilten Herrn Wessling zu Tode. Er wollte einfach nur nach ganz oben. Seine Visitenkartensammlung war legendär, während seine eigenen Exemplare wahrscheinlich ein schnelles Ende in zahlreichen Mülleimern der deutschen Wirtschaftswelt fanden.

Was heißt »manisch-depressiv«?

Laut einer Kienbaum-Studie leiden etwa zwei Drittel aller deutschen Spitzenmanager an Neurosen. Es scheinen somit vor allem Menschen mit leichten bis mittelschweren neurotischen Störungen in Führungspositionen zu gelangen.

Wer will schon einen durchschnittlichen, charakterlich und auch sonst unauffälligen, verständnisvollen Chef ohne Eigenwilligkeiten, Ecken und Kanten?

Ein Korken knallte. Es war 09.45 Uhr, morgens. Herr Wessling musste hinter der Tür, auf die ich jetzt starrte, schon seit 15 Minuten in einer wichtigen Telefonkonferenz mit seinen Bereichskollegen aus Berlin, Hannover und München sitzen. Irgendetwas schepperte in der Schrankwand. Holte er tatsächlich Gläser aus dem Schrank? Er war doch allein im Büro?

Herr Wessling fand es immer besonders souverän, an der Telefonkonferenz über Lautsprecher teilzunehmen und nebenbei so allerhand nützliche Dinge des Alltags zu erledigen: Zeitung lesen, noch eine Maniküre von eigener Hand, Schreibtischschubladen aufräumen, Bilder gerade hängen und dergleichen mehr.

Rein fachlich war er seinen Kollegen aus der Provinz haushoch überlegen. Das musste man ihm lassen. Und genau das war sein Ass im Ärmel. Ein paar fundierte, aber provozierende Inputs seinerseits, und die Gesprächspartner am anderen Ende der Leitung waren erst einmal wieder ein paar Minuten damit beschäftigt, ihm überhaupt gedanklich zu folgen.

Das brachte Zeit für ein Gläschen zwischendurch. Die Tür ging auf. Er grinste, winkte mich lautlos zu sich ins Büro und drückte mir ein Glas Champagner in die Hand. Inzwischen war es 09.50 Uhr. Dies musste ein manischer Tag sein.

Ich schüttelte so hartnäckig den Kopf, dass Herr Wessling den Lautsprecher ausschaltete und mir zuraunte: »Ach Mensch, Frau Münk, nun seien Sie mal nicht so unlocker.«

Wenn man am Tag zuvor wegen einer nicht bis zum Anschlag geschlossenen Schublade mit Schreibtischutensilien in Grund und Boden beschimpft wurde und als lebender Punchingball ein halbes Dutzend imaginärer Faustschläge eingesteckt hatte, stand einem jetzt das Recht auf Unlockerheit zu, fand ich. Und so guckte ich auch. Schmallippig. Das Schlimmste, was einer Sekretärin optisch passieren kann.

Seine nächste depressive Phase kam bestimmt schon bald – und auf diese Gefühlsachterbahn hatte ich keine Lust. Ich flüchtete in die unverbindliche Gefühls-Grauzone. Reine Schutzreaktion. Auch das Schlimmste, was einer Sekretärin passieren kann. Wenn man erst einmal in Grau denkt, kleidet man sich auch bald in Grau.

Ich lächelte: »Ich brauche keinen Champagner zum Lockersein – und auch nicht zum Arbeiten, Herr Wessling.«

Damit war mein Schicksal besiegelt. In den nächsten Tagen machte er meine Arbeit und mich rhetorisch machtvoll fertig, wo und wann immer er konnte.

Der Deal

Nun war ich erst ein Jahr bei einem neuen Arbeitgeber und stand schon wieder vor der Kündigung. War ich noch glaubhaft? Wer nimmt einem solche Chefs ab? Oder lag es einzig und allein an mir selbst? War ich es vielleicht, die irgendwie gestört und therapiebedürftig war? Wollte ich an jedem rechtschaffenen Vorgesetzten mit ein paar Macken, wie wir sie doch alle haben, den Sanierungsfall der deutschen Wirtschaft festmachen? Waren das die krankhaften Vorstellungen einer frustrierten Sekretärin?

»Gute Leute bekommen schwierige Aufgaben«, klang es mir in den Ohren. Nein danke, darauf konnte ich verzichten. Ich konnte auch nicht alles so einfach ignorieren und wie eine hübsche Honigkuchen-Stute durch die Bankkorridore flanieren, nach dem Motto: »Mein Chef ist krank, müsste eigentlich von zwei Herren im weißen Kittel abgeholt werden, aber mir geht's gut.« Diese fast schon buddhistisch anmutende Stufe der völlig gleichgültigen, aber vielleicht gesünderen Herangehensweise an schwierige Situationen und Menschen habe ich nie erreicht.

Nein, ich wollte mehr. Nicht nur meine eigene Kündigung, sondern auch seine.

Ich hatte schließlich lange genug miterlebt, wie Herr Wessling an depressiven Tagen nicht nur mich, sondern das ganze Team psychisch fertig gemacht hatte, um uns dann anschließend wieder durch manisch gute Laune zu verwirren.

Seitdem weiß ich, dass Männer weinen können, auch Bereichsleiter, und nicht nur auf der Herrentoilette, sondern auf dem Weg aus Herrn Wesslings Büro heraus.

In mir war die Robin-Hood-Komponente aktiv geworden. Zivilcourage für ein höheres Ziel sozusagen. Zur Rettung der deutschen Bankenlandschaft. Wenn die deutsche Textilbranche schon mit Georg Ippenfeld verloren war, dann wollte ich doch wenigstens hier Gerechtigkeit walten lassen. Und auch ihn konnte ich zur Not immer noch erschießen. Bis dahin musste es elegantere Lösungen geben.

Man hat einen Menschen noch lange nicht überzeugt, wenn man ihn zum Schweigen gebracht hat, und mich sollte kein Mann – also zumindest kein Chef – mehr zum Weinen bringen.

Zuerst brauchte ich Verbündete. Da kam mir eine anstehende Neustrukturierung sehr gelegen. Ich wusste, dass Herr Wessling seinen niederen Posten innerhalb des Firmenkundengeschäfts nur deswegen weiter ertrug, weil dieser das klassische Sprungbrett in den Vorstand war.

Die Tatsache, dass er allein aufgrund seiner »mangelnden Teamfähigkeit und menschlichen Unzulänglichkeiten« noch ein Wackelkandidat war, war ihm selbst nicht bewusst, aber dem Rest der Bank längst bekannt.

Die Tür der Personalchefin stand schon weit offen, als ich kam.

»Hallo, Frau Münk, kommen Sie herein. Ich habe eigentlich schon länger darauf gewartet, dass Sie das Gespräch mit mir suchen. Geht es Ihnen gut?« Ein besorgter Blick über den Brillenrand.

Auf diese Frage hin hätte ich am liebsten meine Kleenex-Taschentücherbox aufgebaut, ein Tuch nach dem anderen herausgezupft und laut schluchzend ins Papier geschnäuzt. Man kennt diese Szene. So weinen Frauen. Bis die Tränenproduktion schon rein physisch versagt. Ich ließ sie weiterreden.

»Wir fragen uns ehrlich gesagt, wie Sie eigentlich die unmittelbare Zusammenarbeit mit Herrn Wessling so meistern, denn er stiftet in seiner Abteilung ja schon einige Unruhe.«

Dass ich nicht nur im übertragenen Sinne bereits in den Lauf seines Revolvers geguckt hatte, musste ich ihr also nicht erst noch schildern. Warum war sie plötzlich so völlig offen und freundlich zu mir? Für diesen Termin hatte sie alles sofort beiseite geschoben.

Ich kam gleich zur Sache: »Offen und kurz gesagt, Frau Putei, möchte ich zum nächstmöglichen Termin kündigen und Sie bitten, mich bis dahin ab sofort in einer anderen Abteilung einzusetzen, falls möglich. Ich nehme an, dass ich Ihnen die Gründe nicht mehr schildern muss.«

Sie nickte wohlwissend und zustimmend. »Ach, es ist so schade.«

Aber da war noch etwas anderes in ihrem Blick. »Sie müssen mir nichts schildern, Frau Münk. Aber aufschreiben. Sie sind nicht die erste, die deswegen hier sitzt. Aber Sie sind die erste, die deswegen so kurz vor der Neuausrichtung der Bank und dem Sozialplan von sich aus kündigen möchte. Bei vorzeitiger Kündigung Ihrerseits haben Sie kein Recht auf irgendwelche Ansprüche aus dem Sozialplan. Das wissen Sie.

Andererseits haben wir gegenüber dem Personalvorstand in der Sache Wessling keine Handhabe, solange uns keine Beweise vorliegen. Ihre Kündigung wäre ein Beweis, denn sie erfolgt schriftlich und geht in Kopie an den Vorstand, manchmal auch mit Angabe der Gründe. Und finanziell würden wir uns selbstverständlich außerhalb des Sozialplans einigen.«

Ihr Blick sagte alles. Mehr konnte und durfte sie nicht sagen. Da war er, der Deal.

Nun ist die Kündigung einer Sekretärin sicherlich nicht ausschlaggebend für das Schicksal des Chefs, aber in diesem Fall schien diese das benötigte i-Tüpfelchen zu sein. Ich willigte grundsätzlich ein.

Frau Putei witterte Morgenluft: »Ich gebe zu, das hat etwas von Bauernopfer. Und wir trennen uns nur sehr ungern von Ihnen. Es gibt noch einen Plan B. Das sollten wir vielleicht zuerst versuchen. Aber dafür müssen Sie noch eine Zeit lang für uns in der Höhle des Löwen bleiben. Und scheuen Sie sich nicht, auch andere Dinge, die mit zweifelhaften Vorkommnissen im Team von Herrn Wessling zu tun haben, schriftlich festzuhalten. Wir stehen alle hinter Ihnen. Das müssen Sie wissen, Frau Münk.« Frau Putei meinte es Ernst. Sie schickte mich wieder in die Schlacht.

Und hier begann der Plan.

Ich verfasste meine Kündigung wie besprochen, im Zusatz das Ersuchen um sofortige Versetzung in einen anderen Bereich, aufgrund von für mich persönlich nicht mehr zumutbaren Arbeitsbedingungen im Vorzimmer von Herrn Wessling – und mit Kopie an Herrn Dr. Haboldt, Personalvorstand.

Als ich den Umschlag auf Herrn Wesslings Tisch legte, war ihm sofort klar, um was es sich handelte. Souveränes Öffnen und Anlesen des Textes. Aber die Nase ging unmerklich dichter an das Papier, als er den Zusatz las. Er bekam kleine rote Punkte am Hals.

»Da komme ich ja nicht gerade gut weg. Frau Münk, man kann doch über alles reden. Jetzt setzen Sie sich erst einmal, Frau Münk. Ich bin mir meiner gelegentlichen Wutausbrüche ja bewusst und entschuldige mich dafür in aller Form. Und vielleicht ist es ein Trost für Sie zu wissen, dass das nicht persönlich gemeint ist und Sie nicht die einzige Leidtragende in meinem Umfeld sind.« Sein Blick wanderte nachdenklich zum silbergerahmten Familienbild auf seinem Schreibtisch.

»Alte Masche. Jetzt bloß nicht weich werden«, dachte ich mir.

Ich gönnte uns eine kleine dramaturgische Pause, weil ich wirklich nicht wusste, was ich erwidern sollte. Jetzt bloß nicht zu viel sagen. Nur Fakten.

»Ich habe die Kündigung noch nicht abgeschickt, Herr Wessling«, ich lehnte mich zurück.

Er verstand sofort. Jetzt hatte ich ihn in den Lauf meines Revolvers gucken lassen. Schusswechsel.

Bemühen um Gelassenheit: »Frau Münk, mal im Ernst, wenn wir uns beide in Zukunft bemühen – und da zähle ich auf Ihre Mithilfe –, kriegen wir die paar Monate bis zu meinem Wechsel in den Vorstand doch noch ordentlich zusammen hin, oder?« Er nickte mir kameradschaftlich und aufmunternd zu.

»Ich bin gern dazu bereit, Herr Wessling. Es liegt an Ihnen.«

Ich stand auf, erinnerte ihn an seinen nächsten Termin, der schon längst überfällig war, und setzte mich wieder an meinen Schreibtisch.

In den folgenden Wochen war Herr Wessling zahm wie ein Lämmchen. Aber er ignorierte im Vorfeld der Neuausrichtung der Bank auch alle Organisationsrichtlinien, die ihm nicht ins

Kalkül passten. Das betraf unmittelbar auch meinen Arbeitsbereich. Ich wusste nicht, ob ich mich an die Arbeitsweisungen meines Chefs oder an die des Vorstands zu halten hatte. Herr Wessling lebte einfach weiter in der alten Matrix, die für ihn das beste Sprungbrett in den Vorstand darstellte, aber bereits der Vergangenheit angehörte. Seine Aktennotizen zur Aufstellung seines Bereichs waren mehr als zweifelhaft. Ich schickte sie in Kopie an die Personalabteilung.

»Im Zweifel zum Wohle der Bank«, sagte ich mir. Zu verlieren hatte ich nichts. Schließlich hatte ich meinen Arbeitsvertrag nicht mit Herrn Wessling persönlich geschlossen, sondern mit meinem Arbeitgeber, der Bank, die er lediglich zu vertreten hatte.

Herr Wessling kam nicht in den Vorstand. Das sprach für die Bank. Und er verließ daher sein Sprungbrett, das keines mehr war.

Ich habe ihn danach manchmal noch ziellos umherlaufend in den Straßen Frankfurts gesehen. So völlig losgelöst von Position und Status. Er fand ziemlich schnell ein anderes Sprungbrett. Möge er diesmal bei der Auswahl seiner Sekretärin ein glücklicheres Händchen gehabt haben, damit er sie nicht erschießen muss.

Es könnte so einfach sein

1. Seminar – Die letzte Herausforderung

Wenn die Sekretärin in ihrem Job Unsägliches erlebt, überfordert oder auch hoffnungslos unterfordert ist, stellt sich die Frage, ob es konstruktive Wege aus dem Dilemma gibt, ohne dass sie gleich kündigen muss. Wie viel Handlungs- und Veränderungsspielraum gibt es in einem Vorzimmer, in dem das Umfeld und der Chef so unumstößlich sind wie das Amen in der Kirche? Da muss die Motivation erst einmal außerhalb dieses Kriegsschauplatzes stattfinden, um sich schon rein räumlich eine Auszeit zu gönnen und den Kopf für neue Dinge klar zu bekommen. Nein, kein Urlaub. Fortbildung!

Vom Rollenspiel zum Get together

Vorab ein Zitat von Alfred Herrhausen zum Thema Fortbildung, das ich an Treffsicherheit unschlagbar finde: »Jede Gemeinschaft kann auf Dauer nur so intelligent, leistungsfähig und erfolgreich sein wie die Menschen, aus denen sie besteht. Es kommt deshalb darauf an, immer wieder Bedingungen zu schaffen, die es erlauben, alle in ihr vorhandenen Fähigkeiten und Talente voll zu entfalten und auszuschöpfen. Dazu gehört zweierlei: dass alle Menschen die Möglichkeit bekommen, sich zu bilden – die Chancen also gleich sind –, aber genauso, dass die besonders Begabten und Fähigen besser sein dürfen, ja besser sein sollen – die Ergebnisse des Bildungsprozesses also verschieden ausfallen.«

Soweit die Benchmark. Ist das, was hier gesagt wird, jetzt etwas hoch gegriffen oder im Gegenteil genial einfach? Und überhaupt, gilt es auch für Sekretärinnen – auf der »geschlossenen Station« sozusagen? In jedem Fall ist das Thema »Förderung« zugegebenermaßen keine einfache Aufgabe für Chefs und Personaler. Die Chefs sind mit einer latent unzufriedenen oder demotivierten Sekretärin hoffnungslos überfordert. Sie haben weder die Zeit noch die Lust oder gar die Fähigkeit, sich damit zu beschäftigen. Aber im besten Fall erkennen sie die Gefahren für ihr Vorzimmer und somit für sich selbst, wenn die Sekretärin eine schlechte Zeit hat und motiviert werden möchte.

Oft holt man sich deshalb externe Hilfe: im einfachsten Fall zunächst einen Seminaranbieter. Und was der dann aus dieser Maxime macht, gleicht – für die Zielgruppe Sekretärin zumindest – einem klassischen »Goody«, einem Ablenkungs- oder Wellness-Wochenende statt einer geistigen Herausforderung.

Letztere muss es doch auch für Sekretärinnen geben, ohne dass man sich gleich umschulen lassen muss? Auch wenn man bei der Volkshochschule theoretisch schon nach 200 Abendstunden »Sekretärin« ist. Da hat man dann die Fortbildung kurzerhand zum Beruf gemacht. Aber wer geht andererseits ernsthaft davon aus, dass ich als Sekretärin noch eine Fortbildung möchte, wenn ich bereits im Vorzimmer des Vorstandsvorsitzenden gelandet bin? Hier gibt es kein Sprungbrett mehr, denn man ist bereits ganz oben gelandet und stößt sich den Kopf an der Decke. Und die Sekretärinnen mit entsprechender Laufbahn sind mitunter älter als die Chefs und mit allen Wassern gewaschen. Da wird die Frage der fachlichen Fortentwicklung schwierig.

Kann man solche gestandenen Frauen noch schulen? Was haben die Seminaranbieter für sie im Programm?

Interessiert mich nach all den Jahren im Officemanagement »kostenbewusstes Telefonieren«, »Einladen und Beschenken im Büro« oder – schon etwas abstrakter – der »Einfluss von Fremdsteuerung im Sekretariat« oder die »Transaktionsanalyse«, was immer das sein mag? Lohnt es sich wirklich, wenn ich mich für folgendes Seminarmodul entscheide: »Wie Sie das, was Sie sagen wollen, so formulieren, dass Ihr Gesprächspartner Sie auch richtig versteht.« In diesem Fall ist die Formulierung des Seminarziels an sich schon zweifelhaft, denn sie grenzt fast schon an Beleidigung. Eigentlich eine Unverschämtheit. Dieses Seminar ist nicht Bestandteil einer Eheberatung, sondern stand tatsächlich genau so in einem »akademischen« Fachblatt für Sekretärinnen. Muss man die Messlatte denn so tief legen?

Möchte ich »pfiffig und zugleich souverän alles in den Griff bekommen«? Wer möchte das nicht gern im Leben? Ich werde weiterhin an diesem Ziel arbeiten. Der Gedanke, das an 1,5 Tagen in der Lüneburger Heide zu schaffen, klingt verlockend.

Ich könnte theoretisch auch tiefer einsteigen und mir beim »Assistentinnen-Kongress« für 1.290,– Euro an zwei Tagen Herrn Pater Dr. Andres Pflüger anhören, der »kritisch und doch warmherzig über die vielfach diskutierte Sinnfrage ›Wozu?‹ referiert«, mit umfangreichem Rahmenprogramm. Hier muss ich nicht mehr tun als einfach zuhören, mich trösten lassen und anschließend mit allen anderen Teilnehmerinnen eine Weinkellerei besichtigen oder alternativ Aquagymnastik mit einer geschulten Trainerin im hoteleigenen Schwimmbad betreiben. Der zweite Tag würde mit einem zwanglosen Get together ausklingen, nachdem alle Referenten bereits am Nachmittag abgereist sind.

Das sind Beispiele aus aktuellen Seminarangeboten von sogenannten »Fortbildungs-Akademien«, die sich zukunftsweisend geben – ausgerichtet auf einen »akuten Orientierungsbedarf in Zeiten der Informationsflut«. Informationsflut mag stimmen, aber bei diesen Seminarinhalten geht irgendjemand davon aus, dass unser gesunder Menschenverstand gleich mit fortgeflutet wurde.

Die Leaflets für diese Sekretärinnen-Seminare erinnern eher an den Sommerkatalog von Neckermann, wenn einem als Erstes die Palmen am Pool des Tagungshotels in Nizza ins Auge springen. Wenn beim Tagesordnungspunkt »Ausklingen des ersten Kongresstages« um 17.15 Uhr das daneben abgebildete Weinglas größer ist als das Foto des letzten Referenten, stimmt mich das immer traurig.

Oder gibt es Sekretärinnen, die wirklich so demotiviert sind, dass sie in solchen Seminaren einfach nur Aufmerksamkeit und Ablenkung mit Gleichgesinnten suchen und diese Angebote vorbehaltlos wahrnehmen, egal, warum und wie teuer? Offensichtlich ja. Aber die wahren Teilnahmegründe müssen jenseits der bunt formulierten Seminarziele liegen.

Denn was nutzt es einem, wenn man theoretisch vermittelt bekommt, wie man »Mit Pep und Energie in den Büroalltag« geht oder wie man »Business-Yoga« hinterm Schreibtisch elegant und unauffällig auf zwei Quadratmetern betreibt? Welchen Wert hat das alles, wenn man letztendlich schlicht und einfach am Menschen im Büro nebenan scheitert? Der seine überschüssige Energie nicht durch den Lotussitz lenkt, sondern ungefiltert und laut nach draußen brüllt. Der nicht zuerst seine Akkupressurpunkte sucht, wenn eine halbe Stunde vor Beginn der Aufsichtsratssitzung eine Unterlage fehlt. Da bringen dann auf Dauer auch die kühnsten Strategien für »Mehr Anerkennung und Durchsetzungsvermögen im Vorzimmer« oder »Die besten mentalen Entspannungstechniken« rein gar nichts.

Irgendwann sucht man dann auch keine ernsthafte Fortbildung mehr, sondern nur noch das Weite oder zumindest etwas Distanz, eine kleine Rückzugsmöglichkeit, die man sonst nicht hat. Wenn auch nur für eineinhalb Tage, mitten in der Woche, mitten in der Lüneburger Heide. Und hier ist genau der Punkt, an dem so mancher schlaue Seminaranbieter mit bunten Leaflets seinen Auftritt hat.

Und unseren Chefs geht es doch nicht anders. Auch sie fühlen sich nicht wirklich verstanden, wenn es darum geht, noch besser zu werden. Kein Top-Manager – und auch keiner seiner Direktoren und Bereichsleiter – würde ernsthaft an einem Round Table Platz nehmen, der sich so ganz pauschal mit »Führen in stürmischen Zeiten«, »Emotional Leadership« oder »Berufs-, Karriere- und Lebenscoaching (an 1 Tag)« befasst.

Wenn man als Sekretärin seinem Chef ernsthaft derartige Post auf den Schreibtisch legt, bleibt man nicht lange bei ihm.

»Führen Sie nicht länger wie Robin Hood im Sherwood Forest« – ganz schlecht, auf gar keinen Fall vorlegen. Es sei denn, Sie haben a) einen Chef, dem Sie ein letztes Mal etwas durch die Blume sagen wollen, oder b) einen der seltenen Chefs, der über sich und seine Zunft auch einmal herzlich lachen kann.

Ich habe ein einziges Mal eine Ausnahme gemacht, weil allein schon die Werbung für das Manager-Seminar einfach zu gut war. Sie bestand aus folgender Anekdote:

Am ersten Tag treffen sich die 30 internationalen Teilnehmer zu einem Allgemeinwissen-Test. »Der Modus ist einfach«, erklärt der Seminarleiter, »ich nenne ein Zitat, Sie sagen mir, wer es wo und wann gesagt hat. Fangen wir gleich an: ›Vom Eise befreit sind Strom und Bäche‹«. Im Saal herrscht eisiges Schweigen, bis sich ein kleiner Japaner meldet: »Johann Wolfgang von Goethe, Faust, Osterspaziergang, 1806.« Die Teilnehmer murmeln anerkennend, der Seminarleiter nennt das nächste Zitat: »Der Mond ist aufgegangen, die goldnen Sternlein prangen.« Wie aus der Pistole geschossen kommt vom Japaner: »Matthias Claudius, Abendlied, 1782.« Die anderen Teilnehmer sehen betreten zu Boden, als der Seminarleiter fortfährt: »Festgemauert in der Erden.« – »Schiller«, strahlt der Japaner, »das Lied von der Glocke, 1799.« Die Manager sehen sich gegenseitig an und schütteln ihre Köpfe. In der ersten Reihe murmelt einer der Teilnehmer: »Scheiß Japaner!« Wieder ertönt die Stimme von ganz hinten: »Max Grundig, Cebit, 1982!«

Top-Manager belegen keine Seminare mit 29 anderen Teilnehmern. Sie buchen einen Personal Coach, der über einen Vertragszeitraum von meistens mehreren Monaten seinen Schützling verdeckt in einer Reihe von sehr privaten und sehr vertraulichen Gesprächen persönlich und beruflich unterstützt. Er wird entweder eingeflogen, oder man trifft sich in abgelegenen Relais & Châteaux mit Blick auf imposante, kraftstrotzende Bergszenarien oder aufs weite, unendliche Meer. Das einzige, was ich jemals davon mitbekommen habe, sind die Bewirtungsbelege oder ein überraschend neues Outfit meines Chefs. Ein guter Coach arbeitet sich langsam von außen nach innen vor, ein verdeckter Ermittler sozusagen. Er fängt beim Krawattenknoten an und hört auf bei der Frage »Wann hat Ihre Mutter Sie als Baby abgestillt?«.

Er trug eine neue Herrenarmbanduhr. Nicht mehr sportlich, rund und groß, sondern rechteckig und schmal, ja fast schon zierlich, gar feminin, aber nicht zu sehr. Mit klassischen römischen Ziffern. Mit einem Hauch »intellektueller Feinsinnigkeit«, geschmackvoll und edel. Der Blick blieb für Bruchteile von Sekunden daran hängen, die Botschaft kam rüber, auch bei mir. Die Krawatten waren seit dem Termin in Österreich plötzlich vornehmlich unifarben, keine Breitstreifen oder Golfschläger mehr als Motiv, fein abgestimmt auf Anzug und Hemd. Und der Gürtel passte plötzlich – man ahnt es – genau zu den Schuhen. Gab es eine neue Frau in seinem Leben?

»Frau Münk, ich habe da eine Bitte. Könnten Sie mir mal schnell bis Freitagnachmittag eine Liste der genauen Geburtsdaten und -orte meiner Vorstandskollegen und der Bereichsleiter vorbereiten? Das wäre nett.« Er sagte es im Vorbeigehen, als er mir schon den Rücken zugekehrt hatte. Ohne Blickkontakt, ohne Zusatzerklärung. Für mich hieß das: »Fragen Sie jetzt bitte nicht warum. Nicht denken, sondern machen.«

Spätestens als ich am Montagvormittag die nächste Bewirtungskostenabrechnung (Anlass: »Beratung«) vorfand, war mir klar, dass es sich hier a) um einen Personal Coach handeln und dass dieser b) weiblich sein musste. Nur Frauen befassen sich mit dem Einfluss von astrologischen Konstellationen und Aszendenten im vierten Haus des beruflichen Umfelds. Ja, auch da müssen die Manager gelegentlich durch, denn die Sterne lügen nicht.

Sehr viel einfacher ist es da bei den Sekretärinnen-Seminaren. Es gibt viele Chefs, die ihrer Sekretärin als Incentive auch mal eine Reise nach Baden-Baden oder Wuppertal gönnen, damit sie sich dort mit Gleichgesinnten austauschen kann und hoch motiviert oder zumindest abgelenkt heimkehrt. Ein lukratives Geschäft.

Während also mein Chef auf Schloss Elmau intensiv auf das Bergmassiv schaute und sich im Beisein eines international anerkannten Psychologen und Management Coaches mit seinen

Handlungsmustern auseinander setzte, drängte ich mich mit 18 anderen Sekretärinnen in einen kleinen fensterlosen, holzvertäfelten Seminarraum eines Tagungshotels in Wiesbaden. Ich sollte hier lernen, wie ich oben genannten Herrn am Bergmassiv so wirkungsvoll wie möglich entlaste.

»Potenziale nutzen – fordern Sie sich und entlasten Sie Ihren Chef.« Das stand jetzt auf der Tagungsmappe, die ich auf den Knien hielt, während ich versuchte, mir mein Namensschildchen – mit Firmenname – textilschonend durch die Bluse zu pieksen.

Ich hätte vorher noch die Wahl gehabt zwischen dem »Sylter Chef-Entlastungskongress« oder den »Zen-Tagen im Antaiji Kloster in Hyogo-Ken, Japan«. Letzteres hätte mich natürlich mehr gereizt. Rein theoretisch natürlich, da unbezahlbar. Der Prospekt dazu auf meinem Schreibtisch hatte meinen Chef auf den Plan gerufen. Er hatte sich kurzerhand selbst angemeldet. »Da wollte ich sowieso schon immer mal Urlaub machen. Und ein bisschen Ruhe kann ja auch nicht schaden.«

Ich hatte mir mit diebischer Freude vorgestellt, wie er in den zehn Tagen Kartoffeln aussät oder Reisfelder pflügt. Am Ende kam er mit vier Kilogramm Körpergewicht weniger wieder in die Welt. »Frau Münk, können Sie mir bitte die Teilnehmerliste aus dem Kloster besorgen? Irgendwie müssen Sie das schaffen. Ich hätte gern die Visitenkarten der anderen Teilnehmer.«

Konzentration auf das Wesentliche. Zen in Reinstauslegung. Er hatte nichts gelernt.

Zurück nach Wiesbaden ins Tagungshotel. Meine Erwartungen waren nicht allzu hoch. Aber ich stellte mir zumindest eine tiefer gehende Herangehensweise an das Ziel »Optimierung meiner Arbeitsweise« vor. Eben anders als beim Seminar »PC-Wissen – mit Word so richtig kreativ«. Oder »Formulierung – mit wenigen Worten viel erreichen«.

Die meisten der anwesenden Damen waren schätzungsweise zwischen Mitte 20 und Mitte 30 – mit Berufserfahrung, aber noch voller Hoffnung auf Veränderung und Tatendrang. So wie ich.

Im Raum roch es wie in der Parfumabteilung eines Duty Free Shops. Und es dauerte nicht lange, da lehnte sich meine Nachbarin bedenklich nah zu mir herüber. Eine frühzeitig erblondete Dame in rotem Kostüm. »Sie haben ein ganz entzückendes Parfum. Welches ist es?« Ich lächelte. Mir lag eine spontane Wortschöpfung wie »L'Enervant von Claude Busy« auf der Zunge. Ich beantwortete ihre Frage in allerletzter Minute wahrheitsgemäß und wandte mich dann der Seminarleiterin zu, die jetzt vor die Teilnehmerinnen trat und diese herzlich willkommen hieß.

Sie war ebenfalls in Uniform erschienen, wie wir. Ein flottes dunkelrotes Kostüm mit Tuch und etwas zu großen Ohrringen. Alles an ihr war völlig auf die Zielgruppe eingestellt. Hier gab es schon einmal keine Überraschungen. Schade eigentlich.

Aber dann kam eine seltsame, provokative Eingangsfrage:

»Liebe Damen, sagen Sie mir doch einmal, welcher Rolltreppen-Typ Sie sind!« Sie schaute keck in die Runde. Spontanes Kichern, zweifelnde Blicke unter den Seminarteilnehmerinnen.

»Na, ganz einfach. Stehen oder gehen Sie, wenn Sie Rolltreppen in Kaufhäusern oder U-Bahn-Schächten benutzen?«

Keine spontane Reaktion. Die Gruppe war noch nicht überzeugt von der Sinnhaftigkeit der Frage.

»Ich erkläre es Ihnen und möchte Sie bitten, daraus dann ganz individuell Ihre Schlüsse zu ziehen: Bleiben Sie rechts stehen und lassen sich ohne Zutun nach oben bzw. unten fahren? 80 Prozent aller Probanden tun das.«

Ihr Finger schnellte in die Höhe: » Meine Damen, das ist nicht gut. Heben Sie sich ab von diesen 80 Prozent! Wollen Sie etwa nicht vorankommen, auf der Treppe und im Leben? Stillstand auf der Rolltreppe lässt die Beinmuskulatur erschlaffen und langfristig auch das Gehirn. Bewegung dagegen erzeugt Impulse, regt die Bildung von Zellen an. Es ist mehr als das. Es ist eine Lebenseinstellung!« Die Referentin begeisterte sich.

Wir schauten uns etwas fragend gegenseitig an, konnten uns aber jetzt vorstellen, worauf die Dame in Dunkelrot hinauswollte.

Die Referentin stemmte energisch die Fäuste in die Hüften und tat einen Ausfallschritt nach vorn: »Oder sind Sie Typ B? Sie bleiben links stehen. Das ist ganz schlecht. Eine typisch deutsche Angewohnheit. Sie sind nicht nur selbst passiv, Sie behindern auch noch Ihre Mitmenschen am Fortkommen.«

Sie schaute triumphierend in die Runde.

»Meine Damen, die Regel ist einfach: Bleiben Sie nie an der falschen Stelle im Leben einfach stehen!«

Im Seminarraum wurde es stiller. So ganz Unrecht hatte sie nicht, auch wenn die Herangehensweise etwas ungewöhnlich war. Aber wie identifizierte man die »falsche Stelle im Leben«?

Unsere Referentin sah sich bestätigt. Sie kam nun zu Typ C: Rolltreppen-Benutzerinnen, die zügig links überholen und im Zweifel einen knackigeren Po und eine bessere Beinmuskulatur als die meisten anderen haben: »Sie sind logischerweise, zumindest kurzfristig, immer früher am Ziel. Und Sie sind zufriedener, denn Aktivität mobilisiert das körpereigene Glückshormon Serotonin.«

Im Raum wurde anerkennend genickt. Fast alle Teilnehmerinnen sahen sich ganz natürlich und spontan in Typ C wieder.

So viel zum Thema Standortbestimmung – in den ersten zehn Minuten. Dafür würde mein Chef im Coach-Gespräch am Bergmassiv ein ganzes Wochenende brauchen.

Das gegenseitige Kennenlernen wurde dann nach der Kaffeepause ab 10.15 Uhr durch einen »interaktiven Workshop« intensiviert. Was wäre eine Tagung ohne Flipcharts, Pinwände und Farbkärtchen?

Es galt spontan die »10 Motivationskiller im Büroalltag« zu identifizieren. Dazu sollte jede Teilnehmerin ihren persönlichen Killer auf ein Kärtchen schreiben. Ein Wort. Ein einziges Wort. Eigentlich keine schlechte Idee.

Ich musste überlegen und ließ meinen Blick durch die Runde schweifen. Meine Nachbarin in Rot gab eine Karte mit dem Stichwort »Alter« ab. Ich betrachtete sie etwas genauer aus dem Augenwinkel. Sie hatte ein anderes Problem, nicht wirklich das Alter. Vielleicht lag es tiefer.

Eine junge Japanerin hatte ihr Kärtchen auch bereits spontan beschriftet: »Die deutsche Mentalität«. Ich fand, sie sei in einem anderen Seminar vielleicht besser aufgehoben, und nahm mir vor, nicht über andere zu urteilen, sondern selbst aktiv zu werden. Aus gegebenem Anlass entschied ich mich für »falsche Kommunikation«.

Ein Korb ging herum. Die Kärtchen wurden auf die Wände geklebt. Das Spektrum reichte von »Permanente Ungewissheit« über »Unterforderung« und »Überforderung« bis zu »Stress« und »Mobbing«. Eine Teilnehmerin hatte einfach »Chef« geschrieben. Das zeugte fast schon wieder von Originalität. Vielleicht war es auch nur ein Hilferuf. Eines war sofort klar: Wir hatten auf dem Papier zwar alle denselben Beruf, waren aber alles andere als eine homogene Gruppe.

Wir wurden dann in kleine Gruppen von jeweils drei Teilnehmerinnen aufgeteilt. Jedes Team bekam eines der beschrifteten Farbkärtchen, mit der Aufgabe, in einer ungefähr zehnminütigen Präsentation Lösungsansätze zum jeweiligen Motivationskiller zu entwickeln. Und zwar in englisch, französisch oder als Rollenspiel! Ich nahm in den Momenten des ersten Entsetzens an, dass es sich hier um den angekündigten Seminarpart »soziale und methodische Kompetenz« und »Überzeugen mit Körper und Klang« handelte.

In meiner Gruppe befand sich eine nette Kollegin – Erika aus Pirmasens, die nicht nach meinem Parfum fragte, sondern wissen wollte, woher ich käme und was mich um Himmels willen bewogen hätte, hier teilzunehmen. Zu uns gesellte sich als drittes Teammitglied Lian, besagte Japanerin. Diese war sofort in ihrem Element, als ihr Blick auf das für unsere Gruppe gezogene Kärtchen fiel: »Mobbing«. Wir verständigten uns mehr oder weniger spontan auf die Präsentationssprache Englisch und machten uns an die Arbeit.

Von der Japanerin fielen alle Unfreiheiten der letzten zwei Jahre ab. Sie erzählte ohne Punkt und Komma. Danach ging es ihr besser. Zumindest schon einmal ein kurzer Zwischenerfolg.

Ich hakte ein: »Vielleicht sollten wir uns dem Thema doch etwas theoretischer nähern, denn die Erfahrungen sind ja so subjektiv und unterschiedlich. Da bekommen wir nie einen roten Faden hinein.« Die Japanerin schaute mich fragend an: »Rotes

Faden?« Sie fühlte sich aufgrund der Sprache diskriminiert und tat dies nochmals kund. Wir verständigten uns darauf, bereits während der Vorbereitung der Präsentation englisch zu sprechen.

»It's all about self reflection, isn't it? You should first position yourself and then the others. You might only feel to be mobbed, but essentially your colleagues may only be shy or not quite sure how to communicate with you?« Erikas Englisch konnte sich hören lassen. Ich kam mir etwas lächerlich vor und warf trotzdem ein: »Yes, let's be constructive. You cannot convince the others and trace the causes of mobbing as long as you are depressive and sad. And first of all you have to find out whether you can solve the problem on your own or whether you need professional help.« Erika und ich kamen in Fahrt. Die Seminarleiterin schritt wohlwollend nickend an unserer Gruppe vorbei.

Wir verständigten uns darauf, dass wir Thesen und Herangehensweisen aufzeigen würden und Lian anschließend diese mit gelebten Situationen unterlegen würde. Das klappte am Ende sogar recht gut. Auch wenn man unsere Präsentation etwas vorzeitig abbrechen musste, weil Lian einen mittleren Zusammenbruch hatte. Erika und ich haben uns dann in der Mittagspause heimlich mit ihr entfernt, um gemeinsam an der Hotelbar einen Martini zu trinken. Das hat auch geholfen.

Ab 13.00 Uhr war das Buffet vor dem Seminarraum aufgebaut. Ein Raum mit Tageslicht, wie schön. Es blieben uns dreißig Minuten für leichtes Fingerfood. Das Mittagessen sollte sich ja schließlich nicht wie ein Stein auf unsere Mägen legen. Wir sollten hungrig und wach bleiben und viel Kaffee trinken.

Nach dem Martini mit Lian brauchte ich Unmengen von Koffein für den Vortrag von Herrn Professor Göschke. 13.30 Uhr, Thema »Sekretärin der Zukunft«. Herr Professor Göschke war »Berufsforscher« und leitete seinen Vortrag sehr komplex ein. Zur Sicherheit befand sich der Text auch noch einmal ausgedruckt in der Tagungsmappe. Allerdings verstand man ihn auch nicht, wenn man ihn las: »Völlig neue Arbeitsprozesse korrespondieren mit einem Netzwerk von Arbeitsplätzen, Flexibilität, Mobilität, und der jederzeitige Zugriff auf relevante Informationen sind analog die Kennzeichen, begleitet von räumlicher, sozialer und digitaler Infrastruktur.« Nicht zu unterschätzen sei »die Umkehr der bisherigen innerbetrieblichen Arbeitsteilung hin zur Verzahnung und Vernetzung getrennter Bereiche sowie ganzheitliche Organisationsstrukturen mit verstärkter örtlicher und zeitlicher Entkoppelung von Mensch und Maschine«.

Herr Professor Göschke hinterließ eine etwas ratlose Gruppe von mittlerweile 14 auf die Uhr schauenden Sekretärinnen. Lian saß mit apathischem Blick neben mir, die kleinen Hände in ihren Blazertaschen zu Fäusten geballt.

Nach anschließender Diskussion der Kernthesen, die nur Herr Professor Göschke erahnen mochte, gab es eine weitere Kaffeepause. Ab 15.30 Uhr berichtete uns abschließend Herr Bernshagen, Sonderpädagoge und Trainer für Office-Anwendungen vom »sinnvollen und hilfreichen Einsatz eines Spracherkennungsprogramms mit verbesserten Möglichkeiten des kontinuierlichen und natürlichen Sprechens während des Diktiervorganges unter Einbeziehung von Formatierungsbefehlen«. Das kannte ich schon aus eigener Erfahrung. Stattdessen hätte ich besser einen Anwenderbericht geben sollen.

Um 16.00 Uhr verabschiedete ich mich schnell und bestimmt, nahm Lian nochmals in den Arm und versuchte, den nächsten Zug zurück nach Frankfurt zu bekommen. Abstand gewinnen. Vielleicht abends noch zum Sport. Das sollte mein letztes Seminar dieser Art gewesen sein.

Raus aus der Matrix

Es gibt viele junge Sekretärinnen mit wenig Berufserfahrung, bei denen sich pragmatische Tipps und Organisationsleitfäden eines Seminars bezahlt machen. Aber auch hier muss man die Inhalte und den Kosten-Nutzen-Faktor der Fortbildung sehr sorgfältig überdenken.

Und überhaupt, wer kümmert sich um mich? Mit 18 Jahren Berufserfahrung, kritisch, aber lernbereit? Bin ich inzwischen eine Randerscheinung, schwer erziehbar? Erreicht man als Sekretärin irgendwann die Schwelle, wo der einzige Weg der Fortbildung nur noch aus dem Sekretariat heraus denkbar ist?

Sollte ich mich deswegen vielleicht eher beim Bachblüten-Lehrgang in der Toskana anmelden? Wo der Lehrgangsleiter in seinem leichten Sommerwollpulli bequem unter südlicher Sonne sitzt und keine Ahnung von meinem beruflichen Leben hat – weit weg vom Zentrum des Hurricanes, von den sturmumtosten inneren Randbezirken kurz vor dem Auge, vom Vorzimmer des Top-Managements!

Warum eigentlich nicht? Schließlich gibt es auch ein Leben außerhalb des Vorzimmers. Die Sekretärin stellt immer den Chef in den Mittelpunkt, regt sich ganz fürchterlich über ihn auf und verfeuert ihre Energie auf den armen Menschen. Sie stellt ihn permanent auf ihre ganz persönliche Bühne, auf die er gar nicht will und zielt auf ihn ab – mit all ihren Erwartungen und Enttäuschungen. Sie schreibt ganze Bücher über ihn!

Dabei kann sie ihn nicht ändern und, so wie es aussieht, auch nicht ihren Beruf. Wenn sie überhaupt irgendetwas beeinflussen kann, dann nur sich selbst und ihre Sichtweise auf die Dinge. Wieso also nicht zur Abwechslung einmal über sich selbst und seine Ziele nachdenken, im Zusammenhang mit dem Job oder auch so ganz losgelöst davon? Muss man bei der Fortbildung immer in der Schublade »Sekretärin« bleiben, als Gleiche unter Gleichgesinnten? Wie langweilig. Es gibt noch so viele Alternativen, die einem auch ganz persönlich etwas bringen.

Der Chef meiner Freundin hat seine rechte Hand kurzentschlossen für drei Monate ins New Yorker Büro gesetzt und sich im Gegenzug die New Yorker Assistentin ins Büro geholt. Ganz einfach. Und auch ohne Büro in New York kann man ähnliche Effekte erreichen. Mich hat einer meiner Chefs aus der Ölbranche einmal für zehn Tage auf eine Bohrinsel in der Nordsee geschickt. Hoch oben über den Wellen am Pumpturm wurde mir langsam klar, worum es hier überhaupt ging und wie das Geschäft tickte. Mein Chef nannte das »Horizonte aufbrechen«. Sich mal im wahrsten Sinne des Wortes den Wind um die Nase wehen lassen. Fortbildungskosten: fast keine.

Es gibt Chefs, die ihre Sekretärinnen zum »Survival Training« in die Eifel schicken, wo sie sich zusammen mit Managern, Hausfrauen, Kreativen und Studenten den Sturzhelm aufsetzen und sich für sich selbst und ihre Firma über Schluchten und Wildbäche hangeln. Sie kommen dann zurück wie ausgewechselt. Wer unter sich 20 Meter freien Fall hatte, den kann so leicht nichts mehr schrecken – er kennt seine Möglichkeiten und auch seine Grenzen, denn er ist ganz nah an sie herangegangen. Dazu muss man keine Blockaden mit Klangschüsseln lockern oder in der Gruppe bellende Hunde imitieren. Denn auch das gibt es. Für Chefs – und für Sekretärinnen.

So oder so, kreativ mit MS Word und kostenbewusst beim Telefonieren war man mit höchster Wahrscheinlichkeit sowieso vorher schon. Und mit Fleiß, guten Nerven und ein wenig Yoga wird schon alles gut, oder?

2. Ausnahmen bestätigen die Regel – Es gibt sie noch, die richtig guten

Die erfolgreiche Suche nach den wirklich guten, führungsstarken Chefs ist mit viel Recherche und einer gehörigen Portion Glück verbunden. Es gibt sie noch, in den Nischen des deutschen Managements oder ganz prominent mitten drin. Wie eine vom Aussterben bedrohte Spezies, die unter Artenschutz steht und die man in freier Natur kaum noch zu Gesicht bekommt. Stromlinienförmige, glatte Exemplare haben sich den widrigen Bedingungen der Umgebung angepasst und beherrschen die Szene.

Wie erkennt man ihn also, den Chef gewordenen Traum aller Sekretärinnen?

Ausschlaggebend sind weder Aussehen noch fachliche Qualifikation allein. Denn offenbar kann man den Großteil der wirklich gewinnenden Führungseigenschaften nicht erlernen. Der Mensch ist eben wie er ist. So einfach ist das. Nach den neuesten Erkenntnissen der Hirnforschung kann man das Grundmuster eines Menschen nicht ändern, sondern lediglich die Art und Weise, wie man damit umgeht. Das kann für alle Beteiligten mehr oder weniger schwierig werden.

Ein Chef, bei dem ich nie das Gefühl hatte, ich müsse einen zwischenmenschlichen Drahtseilakt vollführen, um mit seinem »Grundmuster« klarzukommen, war Herr Geffkens, Geschäftsführer eines Unternehmensbereiches innerhalb eines europäischen Mineralölkonzerns. Stellen Sie sich einfach den nächstgrößten vor.

Das ist jetzt schon zwölf Jahre her. Mein dritter Job. Da war ich in meiner Ungeduld und Wissbegierigkeit vielleicht noch unbarmherziger als heute.

Also Frankfurt. Mineralölbranche. An sich noch nicht so spannend. Aber ich glaube, es gab vor und nach ihm keinen Chef, der mich so gefordert und gefördert hat und mit dem ich so viel gelacht habe. Und vielleicht hatte er vor und nach mir keine Sekretärin, die ihm so viel Arbeit abgenommen hat und mit der er so viel lachen konnte. Bei ihm brauchte ich kein Seminar, er war mein Seminar.

Abgesehen von der Grundsympathie füreinander, erkannte ich bald, dass Herr Geffkens in der Art, wie er arbeitete, sein Team unmerklich für sich gewinnen konnte. Denn von ihm konnte man lernen, und es machte auch noch Spaß. Er zeigte keine Charts, die die großartige Umsatzentwicklung der letzten fünf Jahre aufzeigten, heruntergebrochen bis in die letzten aufgesplitterten Teilbereiche. Damit arbeitete er intern und nicht vor Publikum. Seine Charts zeigten allesamt konkrete Zukunftsszenarien auf. Keine stumpfe Informationsflut, kein hektisches Bälle-in-die-Luft-werfen. Herr Geffkens war und ist ein Mensch, der zum Horizont zeigen konnte. »Da will ich hin. Kommen Sie doch einfach mit. Wie Sie das machen, ist Ihre Sache. Arbeiten Sie daran mit. Machen Sie einen Vorschlag.« Ganz einfach, fordernd, souverän.

Das klingt jetzt furchtbar theoretisch. Aber die Arbeitsschritte hin zum guten Chef einer Sekretärin sind verblüffend einfach. Sein »Kommen Sie doch einfach mit«, meinte Herr Geffkens wörtlich. Er nahm mich nicht oft, aber doch in regelmäßigen Abständen mit auf Reisen. Damit gehörte er bereits zur absoluten Ausnahmeerscheinung seiner Zunft. »Ich möchte, dass die Leute im Werk und beim Kunden ein Gesicht vor Augen haben, wenn sie bei Ihnen am Telefon landen. Die sollen ruhig wissen, dass ich eine qualifizierte Kraft im Vorzimmer habe und nicht nur eine repräsentative Tippse, die vom Geschäft keine Ahnung hat.« Für ihn hatte das einen kleinen Nebeneffekt: Je besser informiert und je zufriedener ich war, desto positiver sprach ich über ihn. Das war seinem internen Image zusätzlich förderlich.

Für mich war das Reisen mit ihm mit viel Arbeit verbunden. Ich führte bei den Meetings Protokoll, obwohl ich nur die Hälfte dessen, worüber gesprochen wurde, wirklich verstand. Das änderte sich bei jeder Reise ein bisschen mehr. Ich wurde nur mitgenommen, wenn zudem wichtige Kunden-Events anstanden und ich nebenbei vor Ort Location und Ansprechpartner in Augenschein nehmen musste. Ich gehörte nicht zu den armen Wesen, die nicht für die Öffentlichkeit außerhalb des Vorzimmers bestimmt sind. Die nur eine Stimme, aber kein Gesicht haben. Die Veranstaltungen entbehrungsreich vorbereiten und dann selbst nicht dabei sind, sondern lediglich die Ehefrau des Gastgebers kurz briefen.

Das alles wusste aber nicht jeder, der uns zusammen den Flieger besteigen sah: »Oh, wie schön, dass Ihre Frau auch dabei ist. Küss' die Hand, Madame.« Herr Geffkens ließ den Herrn aus Österreich gewähren, als er mir einen warmen Luftzug aus dem Mund auf den Handrücken hauchte. Erst danach klärte er auf: »Ja, darf ich vorstellen: Frau Münk. Sie ist tatsächlich eine meiner beiden Frauen, die mich am Leben erhalten, nämlich die aus dem Vorzimmer.«

Herr Geffkens nahm die Dinge, die er nicht planen konnte, so wie sie kamen. Ist das im Top-Management eigentlich Luxus oder Selbstverständlichkeit? In den kleinen Dingen des Alltags sollte es jedenfalls Letzteres sein. Er konnte die peinlichste Situation durch entwaffnende Ehrlichkeit souverän hinter sich bringen, ohne auch nur einen Kratzer am Lack davon zu tragen.

»Es ist 16.30 Uhr, Herr Geffkens. Sie müssen zum Flieger.«

»Oh, ja. Wollen wir nochmals kurz checken, ob ich alles dabei habe?«

Ja, er hatte fast alles dabei. Nur den letzten Forschungsbericht, den ich ihm zur Lektüre bereits am Vortag hingelegt hatte, konnte er nicht finden.

»Na, da muss ich eben noch einmal im Koffer nachschauen.«

Mit diesen Worten verschwanden Kopf und Oberkörper in braunem Leder. Triumphierend und mit leicht unaufgeräumter Haarpracht tauchte er wenig später wieder auf und knallte den Koffer zu.

»Sehen Sie. Hier ist das gute Stück. Jetzt können wir weiterforschen!«

In diesem Moment sah ich es auf dem Boden unter dem Schreibtisch. Da lag es, rund und bunt. Mein Blick wollte sich einfach nicht abwenden. Irgendwie versagten meine Augen den Gehorsam und meine Gesichtsmuskulatur versuchte krampfhaft, ein breites Grinsen zu unterdrücken. Ein Kondom. Ich überlegte in Sekundenbruchteilen, ob Herr Geffkens in Kondomfragen Typ »rot mit Erdbeergeschmack« war. Offensichtlich schon. Erstaunlich.

Während ich noch grübelte, ob ich das kleine Ding einfach übersehen oder ob ich sagen sollte, dass ihm für anderweitige Forschungsvorhaben jetzt doch etwas fehlen würde, hatte er sich schon gebückt und hielt es mir kopfschüttelnd entgegen.

»Ach ja, Frau Münk, seien Sie froh, dass Sie Frau sind und solche Teile nicht anziehen müssen.«

Sagt's und steckt's in die Hosentasche. So, als hätte er gerade ein Paar Socken oder ein Döschen Wick Vapo-Rub für die Nacht fallen lassen.

Mir blieb nur noch ein »Wer weiß, wofür's gut ist« zu sagen, und da stand er auch schon in Hut und Mantel an der Tür und ließ sich von mir eine gute Reise wünschen. So macht man das. Herr Geffkens war im Übrigen zur Zeit unserer Zusammenarbeit nicht verheiratet.

Nun würde ich das Führungsverhalten von Herrn Geffkens nicht am Umgang mit Kondomen, die nach Erdbeeren schmecken, festmachen. Das wäre fatal für das deutsche Management beziehungsweise die Personaler, die diese Herren auswählen. Es zeigt nur, wie ehrlich, direkt und humorvoll man auch in diesen Positionen sein kann, ohne gleich in alle Fettnäpfchen zu treten, die der Job für einen bereithält.

Aus Sekretärinnensicht sind die Wege zum guten Chef mitunter recht einfach: Das fängt schon beim Thema Bewirtung an. Bei jeder von uns macht es Eindruck, wenn ihr Chef sich auch einmal selbst den Kaffee von der Maschine holt. Herr Geffkens tat das mit den Worten »Ich bin doch kein Pflegefall. Wenn ich keine Gäste habe, kann ich noch selbst zum Wasserloch traben.« Als ich für ihn arbeitete, gab es noch keine Küchenfees wie in manchen Großunternehmen, die auf Vorstandsebene alle Bewirtungsdienste auf Anruf schnell, geräuschlos und eben perfekt abwickeln, ohne dass die Sekretärin auch nur vom Bildschirm aufblicken muss. Hier wurde dagegen der Kaffee noch selbst gekocht und serviert.

Die Thermoskanne an sich ist ja so unerotisch. Jeder Chef möchte eigentlich viel lieber eine von Frauenhand eingeschenkte, dampfende Tasse Kaffee.

Ich hasse es. In der Gastronomie wäre ich die absolute Katastrophe. Ich habe Chefs gekannt, die eigenhändig das Servierdeckchen unter der Kaffeetasse gerade zupften und jeden Fleck reklamierten.

Das Schlimmste sind unangemeldete Meetings, bei denen der Chef dann den Kopf durch die Tür steckt: »Sechs Kaffee und zwei Wasser, bitte.« Schon allein das Hereinbalancieren eines Tabletts mit knapp einem Meter Durchmesser – mit sechs vollen, langsam kälter werdenden Kaffeetassen, zwei Zuckerdöschen mit klappernden Deckeln und Löffeln sowie zwei Milchkännchen kurz vorm Überschwappen – ist ein Albtraum. Damit bewaffnet, kann man Türklinken nur noch mit dem Ellbogen herunterdrücken und gibt schon beim Betreten des Sitzungsraums ein bemitleidenswertes Bild ab. Dann auch noch alles schnell, geräuschlos, also unauffällig auf dem Besprechungstisch zu platzieren, ist eine Kunst für sich. Der Keksteller und das Wasser müssen unter Umständen separat später hereingetragen werden.

Herr Geffkens schaffte als Erstes die Bewirtung bei internen Meetings ab. Mit solchen kleinen, aber wirkungsvollen Ideen half er uns Sekretärinnen schon einmal beträchtlich – und natürlich dem firmeninternen Time Management.

Wir alle kennen die zeitraubenden Dialoge »Herr Dr. Müller, Tee oder Kaffee? Mit Milch oder Zucker oder beidem? Ihre Tasse, bitte.« Trotzdem verdurstete kein Teilnehmer in Geffkens Meetings, denn jede interne Besprechung hatte ein vorher festgesetztes Zeitlimit, damit von Anfang an zielgerichtet argumentiert wurde und die Zusammenkunft nicht ausging wie das Hornberger Schießen.

Es gibt noch effektivere Mittel der Motivation: nicht die über weniger Arbeit wie beim Kaffeekochen, sondern die über mehr Arbeit. Aber wie macht man das? Und wie verkauft man »mehr Arbeit« motivationsfördernd und gewinnbringend für alle?

Herr Geffken sah zuerst den Menschen und dann den Arbeitsplatz.

»Streng genommen, Frau Münk, kann ich Ihnen Ihren Arbeitsplatz erst beschreiben, wenn ich Ihre Stärken und Schwächen kenne. Machen Sie was daraus. Sie müssen ihm ein Gesicht geben. An mir soll es nicht liegen. Wenn ich die richtigen Menschen habe, beginne ich ein Projekt, nicht früher.«

Darin verbarg sich eine ungeheure Chance, besonders für leistungsstarke, unterforderte Sekretärinnen, die oft genug in ein enges Korsett aus vorgefertigten Erwartungshaltungen gepresst werden.

Herr Geffkens hielt tatsächlich Wort. Ich habe seinen Gästen den Kaffee gekocht, den Ablage-Dschungel gelichtet, Spesen sortiert und abgerechnet und ihm seine Arzttermine gemacht. Dafür hat er mich andererseits dahin gebracht, in seiner Abwesenheit die Price Fixations ganzer Schiffsladungen zu verhandeln.

Leider ist mir dieser vom Aussterben bedrohte Falter verloren gegangen. Das Headquarter des Konzerns und mit ihm alle Einheiten wurden ins Ausland verlegt. Und in Frankfurt wartete ein anderer Falter auf mich, mein zukünftiger Mann. Ich bin bei Letzterem geblieben und nicht mit meinem Chef und der Firma ausgewandert. Sonst wäre vielleicht alles anders gekommen. Und dieses Buch wäre nie entstanden.

3. Was Frauen wirklich wollen

Nun können nicht alle Manager charismatisch wie Mahatma Gandhi vom Webstuhl aufstehen, leise vom Weg sprechen, ihre Sekretärin an die Hand nehmen und souverän einfach losgehen. Vielleicht wäre man mit solchen Typen auch völlig überfordert und müsste sie ständig wieder auf den Boden der Tatsachen holen. Sie würden sich damit auch nicht lange auf den Vorstandsetagen halten.

Wie wir alle wissen, kann man Managen lernen, Führen aber eben nicht. Das Ganze ist also entweder wirklich simpel oder unüberwindbar schwierig.

Natürlich wünschen nicht nur wir Sekretärinnen uns einen Chef mit Leidenschaft für die Sache und nicht nur fürs Geld, mit Charakter, Intelligenz und natürlicher Autorität, von dem man respektvoll etwas lernen kann. Der seine Mitarbeiter motiviert statt sie einzugrenzen, anzubrüllen oder zu behindern. Von dem man fachlich und menschlich begeistert ist. Der Führung zusätzlich als Dienstleistung versteht. Aber so ein Chef hat einen Fehler: Es gibt ihn nicht, zumindest nicht in Reinstform.

Oft spricht er selbst weder korrektes Deutsch noch repräsentatives Englisch, lebt genau das vor, was er seinen Mitarbeitern versagt. Lässt sein komplettes Privatleben über die Firma bzw. über die Sekretärin abwickeln, ohne zusätzliche vertragliche Basis. Bedient sich der Firmenkasse, wenn der Weg zum EC-Automaten wieder einmal zu weit ist. Hat seine Faust nicht im Griff, wenn diese polternd auf den Tisch donnert, zieht die Schuhe unter selbigem aus.

Dabei ist es so einfach. Man möchte den Chefs dieser Welt zurufen: Jungs, zieht eure Schuhe an und sucht euch fähige Ehe- und Bügelfrauen. Dazu braucht man kein Harvard-Studium. Und dann sucht euch eine Sekretärin, die wirklich zu euch passt. Keine Nummer zu klein und auch keine Nummer zu groß. Schaut ihr in die Augen und fragt euch, ob ihr in eurem Sekretariat Potenziale wollt oder lieber nicht. Und wenn ja, wie ihr diese generieren und nutzen könnt. Denn man muss auf dem langen Weg, auf den man ein Unternehmen bringen will, ja nicht alles selbst tun.

Lasst die Hunderte von E-Mails, die ihr am Tag bekommt, einfach geschlossen und delegiert Euer Postfach an die Sekretärin. Steht auf vom PC. Ihr habt dann immer noch Handy und Palm Pilot zum Spielen. Nichts kommt schlimmer als ein CEO, der mit zwei Fingern auf der Tastatur genauso schnell ist wie die zehn Finger seiner Sekretärin. Unsouverän. Bastelt keine Schiffchen aus der Ablage, sondern trennt euch einfach von euren Papierbergen und vertraut sie einem professionellen Ordnungssystem an. Delegiert, kümmert euch um die Ergebnisse, nicht um die Details.

Sprecht mit dem Sparring-Partner im Vorzimmer. Es gibt auch in der deutschen Sprache eine Fülle von Verben und Adjektiven, mit denen man ganze Sätze formen kann. Ja, eine Sekretärin ist tatsächlich ein Wesen aus Fleisch, Blut und – jetzt kommt's – Verstand. Sie lebt auf demselben Planeten. Gleich nebenan. Acht Stunden am Tag und mehr. Sie hat eine Vergangenheit und Anspruch auf Zukunft. Denn da, wo sie Begabungen umsetzen kann, fühlt sie sich großartig, wie jeder Mitarbeiter.

Sie ist flexibel, also auch mobil. Seid gut zu ihr. Schließlich klebt sie nicht am weich gepolsterten Stuhl so wie ihr, denn sie hat nicht euer Gehalt. Und vielleicht ist sie irgendwann weg, und der Käfig ist leer. Ausgeflogen.

Jeder Chef ist eine Herausforderung. Aber jede Sekretärin ist es auch. Investition in die Herausforderung zahlt sich aus, also auf ins Trainingslager. Zur Not müssen wir Frauen auch hier wieder die Initiative ergreifen. Also, nicht alles persönlich nehmen, sondern die Chefs an die Hand. Denn unser Job im Vorzimmer hat trotz allem – und Sie wissen jetzt, wovon ich rede – seinen Reiz. Warum eigentlich immer noch? Kann eine Frau, die all das durchlebt hat, noch ernsthaft als Sekretärin arbeiten wollen? Ja, sie kann. Und viele andere, die Ähnliches erlebt haben, auch. Denn wir wissen, was wir nicht wollen: einen trockenen Nine-to-five-Job mit blassen Kollegen und einem Umfeld, das für keine Überraschungen mehr gut ist. Nein, wir Frauen lieben die Herausforderung. Wir wollen uns aufregen. Wir brauchen das.

Und wenn wir gut sind und man uns lässt, halten wir die Fäden in der Hand. Wir entscheiden, wie gut oder wie schlecht vorbereitet ein CEO ins Meeting geht, wen er trifft und wen er nicht trifft. Es gibt Sekretärinnen, die die fertigen Reden für die Bilanzpressekonferenz aus der PR-Abteilung eine Stunde vorher komplett überarbeiten, weil Chef meint, dass seine rechte Hand besser beurteilen kann, welche Formulierungen und welcher Sprachduktus zu ihm passen. An einem lässig aus dem Vorzimmer eingeworfenen Kommentar zum richtigen Augenblick können ganze Management-Entscheidungen hängen.

Nein, wir tippen nicht den ganzen Tag hirnlos vor uns hin. Wir können nie sagen, wie sich die kommenden acht Stunden entwickeln, weil immer alles anders kommt als geplant. Und das ist spannend. Wie bei einer Frau, die einen Haushalt mit drei Kindern managt. Nur dass wir nebenbei noch so eine ganze

Menge aus der Welt der Wirtschaft und Finanzen mitbekommen, mit allen Höhen und Tiefen – wie in einem gut gehenden Bühnenstück, das niemals endet.

Ab und zu gibt es Grenzen. Und wenn diese überschritten werden, schreiben wir das einfach alles auf. Möge es einem guten Zweck dienen.

DANK

An alle Chefs, die mir so köstliche Vorlagen für mein Buch lieferten, so dass ich es schreiben konnte, ohne mich meiner Phantasie bedienen zu müssen.

An alle Kolleginnen, die mir bei so manchen Vorkommnissen am Tag danach versichern konnten, dass ich nicht geträumt hatte, und mir stets das Gefühl gaben, nicht allein auf dem Mars zu leben. Ihnen ist mein kleines Buch gewidmet, denn niemand weiß so gut wie sie, wovon ich rede.

An meine guten Freunde in ganz »normalen« Berufen jenseits des Top-Managements und außerhalb der Vorzimmer, die mich kopfschüttelnd und lachend aufforderten: »Das musst du aufschreiben. Auch wenn es dir niemand glauben wird.«

An meinen Mann, der sich an so manchem Abend und in so mancher Nacht neben einer wild gestikulierenden, fassungslosen, verzweifelten Frau wiederfand, einfach nur zuhörte und spätabends selbst in der Küche stand, während ich an meinem Text schrieb.

An alle Chefs dieser Welt, die sich Morgen vornehmen, das Ruder auch im Vorzimmer herum zu reißen und ihre Sekretärin einfach zu fragen, wie es ihr eigentlich geht.